샌프란시스코
사람은
이렇게
여행한다

샌프란시스코 사람은 이렇게 여행한다

발행일	2019년 3월 29일

지은이	신재동
펴낸이	손형국
펴낸곳	(주)북랩
편집인	선일영
디자인	이현수, 김민하, 한수희, 김윤주, 허지혜
마케팅	김회란, 박진관, 조하라
출판등록	2004. 12. 1(제2012-000051호)
주소	서울시 금천구 가산디지털 1로 168, 우림라이온스밸리 B동 B113, 114호
홈페이지	www.book.co.kr
전화번호	(02)2026-5777

편집 오경진, 강대건, 최승헌, 최예은, 김경무
제작 박기성, 황동현, 구성우, 장홍석

팩스 (02)2026-5747

ISBN   979-11-6299-607-2 03940 (종이책)   979-11-6299-608-9 05940 (전자책)

이 도서의 국립중앙도서관 출판예정도서목록(CIP)은 서지정보유통지원시스템 홈페이지(http://seoji.nl.go.kr)와
국가자료공동목록시스템(http://www.nl.go.kr/kolisnet)에서 이용하실 수 있습니다.
(CIP제어번호: CIP2019011731)

(주)북랩 성공출판의 파트너

북랩 홈페이지와 패밀리 사이트에서 다양한 출판 솔루션을 만나 보세요!

홈페이지 book.co.kr • **블로그** blog.naver.com/essaybook • **원고모집** book@book.co.kr

글쓴이의 말

"If you're tired of San Francisco, you're tired of life."

"만일 누구라도 샌프란시스코에 싫증을 느낀다면, 그는 삶에 싫증을 느낀 거나 다름없다."

미국에서 여행하기에 가장 좋은 곳으로 손꼽히는 곳이 샌프란시스코이다. 구석구석 놀라움이 숨어 있는 도시, 감동이 사무치는 도시가 샌프란시스코다. 근처에 볼 만한 곳이 많고, 로컬 부티크에 특이한 상점들도 많고, 카페며 레스토랑이 잘 발달해 있기 때문이다. 큰돈 들이지 않고도 하루에 다녀올 수 있는 거리에 유명한 곳이 많이 있는 점도 한몫 한다.

여행에는 구경만 하는 여행, 즐기기만 하는 여행, 공부만 하는 여행도 있는데 여행지 선택을 잘못 하면 여행 내내 심심하고 무의미할 수도 있다. 그러나 구경도 하고 즐기기도 하고 공부도 하는 여행지가 바로 샌프란시스코이다.

아는 만큼 보인다고 했으니 미리 공부하고 샌프란시스코에 가면 좀 더 많은 것을 보고, 좀 더 흥미로운 것을 알게 되고, 좀 더 내면을 살 찌우는 여행이 될 것이다.

이 책은 이미 샌프란시스코의 관광거리는 다 본 사람에게는 아직 알지 못하고 보지 못한 것들을 소개해 주는 동시에, 한 번도 가 보지 못한 사람에게는 샌프란시스코에서 무엇을 볼지 어떤 곳을 관광할지에 대한 선택지를 제공한다.

혹은 한 달간 샌프란시스코에 살면서 구석구석 다 살펴보고 온전한 경험을 해 보고 싶은 사람을 위해 쓴 책이다. 지금은 해외에서 한 달 이상 살면서 여행해 보고 싶어 하는 한국인들이 늘어가고 있다.

이것은 한국인들만이 아니라 이미 선진국 사람들에게는 일반화되어 있는 현상이다. 내가 서울에 갔을 때 만났던 불란서 청년도 서울에서 한 달간 살아 보기로 했다면서 여행의 즐거움을 자랑 삼아 들려주었다.

현지인처럼 생활해 보는 여행이 전에는 고소득자나 대학생에 국한된 이색 여행으로 간주되었으나 근래에는 여행 분위기가 바뀌어 가는 추세다. 소득이 늘어난 면도 있고, 육아 휴직이나 장기 휴가를 얻을 기회도 있고, 이민을 가기 위한 체험 여행이나 은퇴를 앞둔 답사 여행을 겸하는 사람들도 늘어나고 있다.

한 조사에 따르면 가족과 함께 3주에서 1개월간 가고 싶은 여행지 검색 순위 1위가 미국으로 나타났다. 미국에서 한국인이 가장 선호하는 곳이 캘리포니아이고, 캘리포니아 중에서도 샌프란시스코가 가장

가 보고 싶은 도시로 나타났다. 기후가 사계절 봄과 가을만 계속된다는 것이 첫 번째 이유이고 태평양 바람이 불어와 미세먼지를 날려버리기 때문에 공기가 깨끗하고 하늘이 맑다는 점이 두 번째 이유다.

한국에도 앞으로는 근로 시간 단축과 함께 해외에 나가 한 달 살아보는 여행 문화가 정착될 것이다. 소득의 증가로 은퇴 후 해외에 나가 살기를 원하는 사람들도 늘어나고 있다. 어느 생명보험 회사의 설문 조사를 읽은 기억이 나는데 응답자의 60%가 은퇴 후 해외 거주를 원한다고 답했다. 희망 국가는 호주가 가장 많았고 캐나다, 미국 하와이, 괌, 뉴질랜드 순이었다. 희망 거주국 선택 이유로는 날씨 등 자연환경, 여가 생활 문화, 라이프스타일, 의료, 복지 시스템 등을 복수 응답으로 꼽았다. 샌프란시스코가 이에 적합한 범위 내에 속한다고 보고 있다.

나도 세계 여행을 오래도록 해 보았지만 일주일, 보름 정도로는 충분하지 않다는 느낌이 든다. 멀리 찾아간 곳을 수박 겉핥기식으로 훑어보고 오기에는 늘 아쉽다는 생각을 하곤 했다.

그보다도 현지에 머물러 현지인들처럼 느슨하게 즐기면서 구석구석 다 살펴보고 싶은 충동이 생기곤 했다. 그러나 이것이 꿈만은 아니다. 마음만 먹으면 얼마든지 할 수 있고 해 낼 수 있다. 언제나 앞서가는 사람이 있기 마련인 것처럼 이미 3주 내지는 1개월씩 여행지에 머물면서 휴가, 휴식을 즐기는 여행 마니아가 늘어가는 추세다.

혼자라면 방 하나를 빌려 생활할 수도 있고, 하숙집을 구할 수도 있다. 여럿이라면 작은 아파트를 한 달간 빌려 사용하면서 현지 생활을 즐겨 보는 거다.

인생은 죽는 날까지 공부다. 모르는 길을 간다는 것은 새로운 길을 간다는 것이고, 새로운 길을 간다는 것은 처음 겪어 보면서 배우는 것이다. 많이 보고 배워서 알면 남보다 앞서가는 것이고, 앞서가는 사람은 매순간 판단을 내리더라도 남들과 다르다.

샌프란시스코에 살면서 '내부자의 시선'으로 아름다운 곳과 흥미로운 사건들을 메모하고 준비해 온 세월이 10년도 넘었다. 숨겨진 보석과 같은 명소와 사건들을 일일이 소개하고 싶어서 이 책을 쓰게 되었다.
책을 쓰면서 한결같이 어떻게 하면 한국인들이 많은 돈 안 들이고 오붓하게 속속들이 볼 것 다 보고 즐기며 다닐 수 있을까만 생각했다. 최대한 많은 볼거리와 공부거리와 먹거리와 추억거리를 모아 놓았다.
아무쪼록 여행하는 내내 이 책이 도움이 되었으면 하는 마음 간절하다.

2019년 3월
신재동

Contents

Part 02 현지인이 알려 주는 샌프란시스코의 축제

Part 03 현지인이 알려 주는 샌프란시스코의 골목 명소

Part 04 현지인이 알려 주는 샌프란시스코의 관광 명소

Part 05 현지인이 알려 주는 샌프란시스코의 먹거리

Part **06** **현지인이 알려 주는 샌프란시스코의 여가·레저**

Part **07** **현지인이 알려 주는 샌프란시스코 한 달 살기**

여행만으론 아쉽다

해외에서 한 달 이상 머물면서 구석구석 여행하고 싶어 하는 마음은 욕심일까?

누구나 여행의 감동을 더 누리기 위해 여행 지역을 좀 더 깊이 알고 싶은 욕구가 있기 마련이다. 그러기 위해서는 여행지의 매력이 충분해야 함은 물론이려니와 주변 지역에 흥미로운 곳이 많이 있어야 한다. 미리 공부해서 알고 가서 보면 앞에 보이는 것과 뒤에 숨어 있는 이야기까지 보인다. 요즘은 여행객들이 숨겨져 있는 매력을 찾아가는 여행이 활발하다. 샌프란시스코의 아름다운 경관과 카페와 레스토랑, 미처 노출되지 않은 흥미로운 곳이 이에 적합하다. 샌프란시스코는 자체의 매력에 더하여 하루 만에 다녀올 수 있는 거리에 흥미로운 볼거리가 많다는 이점도 있다. 낯선 북캘리포니아를 직접 여행해 부담을 갖는 것보다 샌프란시스코를 거점으로 지방을 다녀오는 것이 어떤 이들에게는 더욱 적합한 여행 방법이 될 수도 있다. 그런 선택적 여행이 가능한 곳이 캘리포니아다.

일주일간 관광이나 하자는 사람은 여행사 스케줄에 따라 움직이면 되지만 여행사 없이 샌프란시스코를 방문하는 사람은 자신이 스케줄을 짜야만 한다. 이 책의 목차에 관광할 만한 곳을 나열해 놓았으므로 본인이 가고 싶은 곳을 고르면 된다.

여러 날 묵으면서 샌프란시스코를 체험해 보고 싶은 사람은 거주지를 정해야 할 것이다. 이 책 맨 마지막 주제인 「샌프란시스코에서 한 달 살아 볼 집을 구할 예정이라면」에서 관련 내용을 다루었다. 물론 일일이 찾아볼 수도 있다. 한 달씩 체류하기로 했을 경우 차 없이 대중교통을 이용해서 얼마간 살아 보고 그다음 자동차를 렌트해서 운전하며 다니는 것도 좋을 것이다.

샌프란시스코 시내에 거주지를 정하려면 대중교통편을 염두에 두는 것이 좋다. 시내버스나 뮤니 버스 역 근처에 자리 잡는 것이 유리하다. 이 책 후반부의 「샌프란시스코에서 대중교통을 활용할 예정이라면」에 자세히 적어 놓았다.

샌프란시스코 다운타운에 직장이 있는 사람들은 대부분 교외에서 출퇴근한다. 샌프란시스코에는 바트(BART)가 있다. 바트는 서울의 전철과 같아서 시내 중심부를 통과하는 이점이 있다. 교외에 거주지를 정하더라도 바트 역 근처에 거처를 구하면 샌프란시스코 시내를 드나드는 데 불편이 없다.

바트뿐만 아니라 페리(Ferry)도 있어서 페리 선착장과 가까운 곳에 거처를 구해도 좋을 것이다. 페리 연락선으로 출퇴근하는 사람들도 많다.

샌프란시스코라고 해서 다 아름다운 것은 아니다. 다운타운의 싸구려 호텔에 투숙하는 것은 금물이다. 지저분하고 마약 하는 사람들과 노숙자들이 많으며 범죄가 만연한 곳이기 때문이다.

Part 01

현지인이 알려 주는
샌프란시스코의 문화·예술

큐피드의 팽팽한 활시위

큐피드의 팽팽한 활시위

　예술가 부부 올든버그와 브뤼겐(Claes Oldenburg와 Coosje van Bruggen)의 작품이다.

　샌프란시스코 엠바카데로(Embarcadero)는 끝자락에 설치한 야외 조각물로서 18m 활시위 조각물은 사랑의 징표 큐피드를 표방했다.

이 작품은 샌프란시스코가 에로스의 모항이라는 데서 영감을 얻어 큐피드의 활과 화살을 활용했다. 조각물은 사랑의 화살이 성공적으로 낭만의 도시 샌프란시스코 심장에 꽂혀 사랑에 성공했다는 징표이다.

움직임 그 첫 100년

조형물은 조각가 최만린 선생님의 작품이다. 내 나름대로는 '억센 사나이의 팔짱 낀 형상'으로 해석했다. 1983년 한미 수교 100주년을 기념해 한국에 있는 기념사업회가 미국에 기증한 조형물이다.

조형물 앞 건립 취지문에는 다음과 같이 쓰어 있다.

움직임 그 첫 100년

한미 양국의 위교 관계는 1882년 5월 22일 한국 인천에서 '한미수교통상조약'이 조인 체결됨으로서 시작되어, 다음 해인 1883년 9월 2일에 첫 견미사절단 '보빙사' 민영익 일행이 이곳 샌프란시스코에 그 첫발을 내딛게 되었다. 이처럼 역사적이며 뜻깊은 한미 관계의 100주년을 맞이하여 대한민국의 한미수교100주년기념사업위원회는 한국 국민을 대신하여 동 조약 비준 100주년이 되는 1983년 5월 16일 미국 국민에게 이 기념 조각 '움직임 그 첫 100년'을 기증한다. 이 조각은 한미 수교 100주년의 역사적 의미를 재음미하고 앞으로의 양국과 양국 국민의 상호 신뢰와 우호 협력 관계의 계속적인 발전과 전진을 희구하는 표징으로 두 개가 같은 형태로 제작되어 하나는 이곳에 다른 하나는 한국의 인천에 세워진 '한미 수교 100주년 기념탑' 안에 놓여 있다.

페리 터미널에서 길 건너 오른편에 작은 페리 공원(Ferry Park)이 있다. 그곳에 '한미 수교 100주년 기념 조형물'이 있다. 처음에는 공원 맨 위 끝자락에 조성되어 있었다. 조형물을 40㎝ 높이의 콘크리트 울타리 모양으로 둘러 세웠다. 문제는 아늑한 공간이다 보니 노숙자들이 들끓는 것이다. 밤이나 낮이나 노숙자들이 차지하고 있어서 지저분하고 낙서가 심했다. 할 수 없이 공원 초입 쪽 사람들의 출입이 잦은 곳으로 옮겼다. 지금은 예전보다는 낫지만 그래도 여전히 노숙자들이 주변에서 맴돈다.

샌프란시스코 페리 연락선

뒤에 보이는 시계탑과 국기가 게양된 건물이 샌프란시스코 페리 터미널이다. 다리가 건설되기 전인 1930년대만 해도 페리 터미널이 샌프란시스코의 유일한 입구 역할을 담당했었다. 지금은 샌프란시스코로 출퇴근하는 사람들이 주로 이용하고 있다.

페리 터미널은 1875년에 급격한 인구 팽창으로 인해 나무 건물로 급조됐다. 1898년에 지금 보이는 철근 빔 건물로 지었다.

샌프란시스코 마켓 스트리트는 페리 터미널에서부터 시작하여 뻗어간다. 마켓 스트리트에서 가지로 뻗어나가면서 각기 스트리트(St.)와 애비뉴(Avenue)가 형성된다.

페리 터미널 빌딩을 중심으로 왼편으로는 Odd number(홀수) 부두, 오른편은 Even number(짝수) 부두가 순서대로 형성되어 있다.

  샌프란시스코만(灣) 각처에서 연락선이 페리 터미널로 몰려든다.

  페리 연락선으로 출퇴근하는 사람들이 많아서 출퇴근 시간에는 붐 빈다. 알라메다에서 샌프란시스코 페리 터미널까지 왕복에 $15.00이니까 차로 다리를 건너는 것보다 저렴하다.

샌프란시스코 시청 청사

국제적으로 명성 높은 설치미술 작가 최정화(한국 태생 1964) 씨의
작품이 샌프란시스코 광장에 설치·전시되었다. 붉은 천으로 만든 만
개한 연꽃(Lotus Blossom)이다. 연꽃 밑에 모터를 작동시켜 거대한 꽃
잎이 퍼졌다 접혔다 한다.

샌프란시스코 시청은 1915년에 문을 열었다. 건물은 매우 웅장하며
내부는 화려하고 널찍하다. 물론 공공건물이기 때문에 누구나 무료
로 방문할 수 있다.

숨 쉬는 연꽃(Breathing Flower)

　건물에 들어서면 가장 먼저 눈에 띄는 것은 웅장한 황금색 돔이다. 돔은 지상 307피트에 위치하여 미국에서 가장 높은 돔이다.

　재미있는 사실은 미국 사람들이 미국 국회 의사당 건물을 미국에서 가장 높은 돔을 가진 건물로 생각한다는 점이다. 의사당 돔은 288피트 높이로 샌프란시스코 시청 돔보다 19피트 낮다. 금색 세부 도색은 23.5 캐럿 금박 마감이다. 돔을 둘러싸고 있는 로마 기둥은 창문에서 나오는 빛이 이 지역으로 들어갈 수 있게 설계되었다. 돔 주변 4개의 둥근 메달은 조각가 헨리 크레니어(Henri Crenier)에 의해 만들어졌다.

　이 거대한 돔 바로 아래 42개의 대리석 계단은 2층의 감독관 회의소로 연결된다. 계단 꼭대기에 있는 돔 아래는 많은 사람들이 결혼식을 올리는 곳이다. 로비의 작은 공간은 이 거대한 건물에서 약간의 사생활을 제공한다.

　재미있는 사실은 조 디마지오(Joe DiMaggio)와 마릴린 먼로(Marilyn Monroe)의 결혼식이 이곳에서 열렸다는 점이다. 디마지오는 샌프란시스코의 노스 비치 지역에서 자랐다. 결혼식 후 노스 비치의 성도 피터와 폴 교회 밖에서 사진을 찍은 것으로 유명하다.

　청사 건물 1층에는 샌프란시스코 예술 위원회가 전시한 미술 전시장이 있다.

　시청은 시민들에게 열려 있고, 청사에서는 연중 하루도 빠지는 날없이 결혼식이 열린다. 결혼식 장소가 정해져 있는 게 아니라 청사 아무데서나 결혼식은 진행된다. 한 쌍도 아니고 여러 쌍이 여기저기서 결혼식을 올린다. 결혼식을 막 끝내고 사진 찍는 그룹, 이제 시작하는 그룹 모두 각자 행복한 모습이다. 한국처럼 하객이 많은 것이 아니어서 결혼식을 올리는 그룹마다 하객이 이십여 명 미만이다.

● Insider's **Tip** | 가이드 투어 --

샌프란시스코 시청에 대해 더 많이 알고 싶다면, 가이드 투어 중 하나를 택할 수도 있다.

• 시청 투어: 매주 주말 샌프란시스코 아트 커미션은 45분 무료 가이드 투어 3회를 제공한다. 오전 10시, 오후 12시, 오후 2시에 있다. 투어는 메인 플로어의 시청 도슨트 투어 키오스크(Docent Tour Kiosk)에서 시작한다. 미리 예약할 필요는 없으며, 투어가 시작되기 몇 분 전에만 나타나면 된다.

• 공공 도서관 투어: 샌프란시스코 공공 도서관은 시청을 포함한 무료 투어도 제공한다. 이 투어는 공공 도서관의 계단에서 시작하여 시민 센터 지역과 시청을 모두 포함한다. 화요일과 목요일 오전 11시에 투어를 제공한다. 투어는 한 시간 반 정도 진행된다.

시청 광장에는 식당 트럭 영업을 할 수 있도록 허가를 내 주었다. 그렇게 운영 중인 트럭 중 하나는 한국 식당 트럭이다. 동그란 밀전에 불고기나 갈비, 심지어 잡채까지 넣어 김밥처럼 둘둘 말아 주는데 인기가 매우 좋다.

1975년 서울과 샌프란시스코는 자매도시 결연을 맺고 교육, 환경 등 여러 분야별 교류와 경제협력을 통해 공동 발전을 도모하고 있다.

어디서나 시청은 시위를 벌이기에 가장 적합한 장소여서 샌프란시스코 시청도 예외는 아니다.

나체 권익 운동가들이 시청 정문 앞에서 나체 결혼식을 올리는 행위를 벌인 일도 있다. 나체주의자들로 구성된 하객 100여 명이 지켜보는 가운데 나체의 신랑 신부가 결혼식을 올렸고 이 결혼식이 '누드 금지령'에 항의하는 시위임을 알렸다. 샌프란시스코 시장에 출마했었던 나체주의자 조지 데이비스가 주례를 섰고 주례가 끝난 다음 "키스하고 결합하세요"라고 선언했다.

결혼식 직후 신부는 연행되었으며 의복을 입겠다고 약속한 다음 석방되었다. 남편과 하객들도 소환장을 받았다. 기소에도 불구하고 신부는 오랫동안 꿈꿔왔던 환상적인 날이었다고 말했다.

시청 광장에 맞닿은 마켓 스트리트에 연방정부 청사가 있고 그 앞에 여러 개의 화강암을 네모나게 다듬어서 되는 대로 던져놓은 것 같은 분수대가 있다. 그중에 제일 큰 암석에 다음과 같이 새겨 놓았다.

세계 평화 건설을 한 사람이 이루어 낼 수는 없다.
아니면 하나의 집단이 이루어 낼 수도 없다.
그렇다고 한 국가가 이루어 낼 수도 없는 일이다.
평화는 전 세계가 함께 힘을 모아 노력할 때만이 이루어
지는 것이다.

March 1, 1945
Franklin D. Roosevelt

샌프란시스코 유니온 스퀘어

샌프란시스코 유니온 스퀘어는 도시의 심장이다. 광장 중앙에는 조지 듀이(George Dewey) 제독의 승전 기념탑이 우뚝 서 있다.

1898년 4월 24일 듀이 제독이 이끄는 미 해군 함대가 필리핀 마닐라만으로 들어가는데 그곳에는 이미 스페인 함대가 수중지뢰를 매설해 놓고 기다리고 있었다. 듀이 제독이 이끄는 7척의 미해군 함대는 스페인 함대 10척을 침몰시키고 마닐라에 입선하여 요새를 피괴히고 미닐리 시를 완전 장악했다.

늘 사람들이 북적대며 지역 주민과 관광객이 섞여 재미있는 일을 만들어 낸다. 호텔과 식당이 가장 많이 집중되어 있고 쇼핑, 연극 제작, 갤러리, 투어, 술집 및 야간 유흥

업소를 포함하는, 최고로 역동성이 넘치는 지역이다. 특히 주변에 이름만 들어도 알 수 있는 명품 상점들이 많아서 쇼핑을 즐기기에는 더할 나위 없는 곳이다. 루이비통, 티파니, 메이시 등이 있다. 이 거리를 따라, 삭스 피프스 애비뉴(SAKS Fifth Avenue), 니만 마커스(Neiman Marcus), 구찌(Gucci)가 있으며 주변에는 세포라(Sephora), 어반 아웃피터스(Urban Outfitters), 유니클로(UNIQLO)와 같은 유행하는 소매 업체도 있다. 이 지역 전체에서 볼 수 있는 다른 최고 상점으로는 버버리(225 포스트), 브룩스 브라더스(240 포스트), 디올(185 포스트 스트리트), 올 맨킨드(224 그랜트 애비뉴), 돌체 가바나(100 그랜트 애비뉴) 등이 있다.

케이블카를 위시한 모든 대중교통이 연결되어 있어서 접근하기가 쉽다.

광장 맞은편에 유서 깊은 웨스틴 세인트 프란시스 호텔(The Westin St. Francis Hotel)이 자리 잡고 있다. 엘리자베스 여왕이라든가 노태우 대통령, 고르바초프 서기장도 이곳에 묵었다. 사진의 승전탑 뒤에 보이는 건물이 프란시스 호텔이다.

추수감사절이 끝나는 주말이면 유니온 스퀘어 광장에 크리스마스 트리 점등식이 있다. 12월 샌프란시스코의 밤은 그다지 춥지 않아 밤거리를 걸어 다니기에 안성맞춤이다. 매년 아이스 링크가 설치되어 아이들이 즐기기에 좋다. 아이스 링크는 11월 11일부터 1월 18일까지 연다.

갤러리 투어

샌프란시스코 유니온 스퀘어에는 다양한 갤러리가 있다. 골동품 갤러리도 있지만 그보다는 현대 미술 갤러리가 더 많다. 그중에 유명한 갤러리로는 다음의 갤러리들을 들 수 있다.

- Martin Lawrence Galleries(366 Geary St.): 피카소, 달리, 렘브란트, 앤디 워홀 등 유명한 예술가들의 작품이 담긴 미술 갤러리다.
- Kertesz Fine Art Gallery(535 Sutter St.): 인상파 캘리포니아 풍경, 인상파와 현실주의 스타일의 유화를 포함한 다양한 미술 작품. 19세기와 20세기 위주로 전시되어 있다.

- **49 Geary Art Galleries(49 Geary St.)**: 사진, 그림 등이 있는 2층짜리 갤러리로, 목요일에는 갤러리에서 파티를 연다.
- **Dolby Chadwick Gallery(210 Post St. Suite 205)**: 신흥 예술가와 기존 예술가 작품을 골고루 볼 수 있다. 다양한 작품을 가지고 있으며 항상 새로운 작품을 선보인다.
- **CK Contemporary(357 Geary St.)**: 현대 그림을 사랑한다면 한번 들러 즐겨볼 만하다.

샌프란시스코 극장

샌프란시스코에는 다음과 같은 다양한 극장이 있다.

- **골든 게이트 극장**(Golden Gate Theatre) | **1 Taylor St.**

  1922년에 개장한 역사적 극장이다. 뉴욕 브로드웨이에서 공연한 작품만 보여 준다. 1년에 6편 정도 공연하는데 〈맘마미아〉, 〈헬로 도리〉, 〈마이 페어 레이디〉, 〈지붕 위의 바이올린〉 등 알 만한 작품은 모두 공연한다.

- **커런 극장**(Curran Theatre) | **445 Geary St.**

  1922년에 개장한 극장으로 극장에서 직접 선정한 쇼를 1년에 5~6편 공연한다. 일부는 처음 실험하는 쇼이고 더러는 뉴욕에서 이미 성공한 쇼다. 무대 지망생들에게 기회도 제공한다. 응시자는 라이브 극장에 대한 열정과 지식, 카리스마 넘치는 태도, 고품질 고객 서비스에 대한 적성을 시험받게 된다.

- **오르페움 극장**(Orpheum Theatre) | **1192 Market St.**

  SHN 오르페움 극장은 판타지 극장과 새로운 오르페움 극장으로도 알려져 있다. 1926년에 지어진 오르페움은 700명의 수용력을 갖추고 있어 친밀한 환경을 제공한다. SHN 오르페움 극장은 연극 제작, 콘서트, 브로드웨이 쇼, 코미디 쇼 및 기타 소규모 공연을 포함하여 다양하고 흥미진진한

라이브 공연을 개최한다.

- **아메리칸 콘서베이토리 극장**(American Conservatory Theatre) | **415 Geary St.**

A.C.T. Theatre라고도 불리는 American Conservatory Theatre는 유니온 스퀘어 샌프란시스코에서 한 블록 떨어진 비영리 극장이다. 이 극장에서는 고전과 현대의 작품을 모두 볼 수 있다. 그들의 일정에는 12월에 열리는 〈크리스마스 캐롤〉을 비롯하여 매년 6회 이상의 쇼가 포함되어 있다. 이곳은 연기 학교이기도 하다.

- **샌프란시스코 극장**(San Francisco Theatre) | **450 Post St.**

샌프란시스코 극장은 또 다른 비영리 극장이며 매년 9개의 쇼를 선보인다. 199석 규모의 극장은 브로드웨이 및 오프 브로드웨이 프로덕션, 뮤지컬, 지역 초연을 보여 준다. 공연은 화요일부터 일요일까지 한다.

- **커스텀 메이드 극장**(Custom Made Theatre) | **533 Sutter St.**

유니온 스퀘어 샌프란시스코에서 한 블록 떨어진 곳에 있는 99석 규모의 시설이다. 가벼운 코미디, 드라마 및 기타 작품을 선보인다. 종종 정치적 또는 사회적 논평 쇼도 한다.

- **엑시트 극장**(Exit Theatre) | **156 Eddy St.**

지역 예술가들의 다양한 작품을 선보이는 공간이다. 지역 배우들이 그들의 연기를 완성할 수 있는 장소이다. 거의 매일 밤 무대에서 연극 쇼, 축제, 마술 공연이 펼쳐진다.

- **가부키 극장**(Kabuki Theatre) | **1881 Post St.**

재팬타운(Japantown)에 위치해 있다. 다행히도 모든 공연장은 좌석 예약

제여서, 좋은 자리를 확보하기 위해 저녁 식사에서 서둘러 갈 필요는 없다. 극장 안에서도 음식을 판다. 맥주나 칵테일을 파는 바도 있다.

선댄스 시네마가 운영하는 독립 영화관이다. 선댄스 시네마 체인에는 시애틀, 워싱턴, 휴스턴, 텍사스, 매디슨, 위스콘신 및 웨스트 할리우드, 캘리포니아에 4개의 다른 극장이 있다. 이 극장들은 찾기 어려운 영화와 음식과 음료를 파는 극장으로 유명하다. 외국 영화를 볼 수 있는 좋은 장소이기도 하다. 또한 다양한 샌프란시스코 국제 영화제 및 문화 행사 같은 이벤트를 개최하며, 특별 영화는 밤이나 주말에 상영한다.

아시안 아트 뮤지엄

정문 오른쪽에 이종문 회장의 초상이 있고 그 밑에 다음과 같이 쓰여 있다.

예술은 인간의 창의력과 상상력에서 태어납니다.
아름다운 예술품은 문화의 장벽을 넘어, 종교적 이념을 초월하여 그 진가가 나타납니다.
예술은 쉽게 이해할 수 없을 수도 있습니다.
그러나 바라보고, 숙고하면 그것의 표현과 그 힘이 우리 시선에 부각되면서 영감을 줄 것입니다.
이 뮤지엄에 있는 예술품들은 교육과 사회발전에 이바지할 것이며 미국인들로 하여금 아시아와 아시아 문화를 이해하는 데 도움을 줄 것입니다.
지난 7,000년 동안 아시아인들이 이루어 놓은 위대한 예술품들이 오늘날 우리들의 삶을 풍요롭게 해 주고 있음을 진심으로 겸허히 감사드립니다.

1995
이종문

아시안 아트 뮤지엄(Asian Art Museum)은 200 라킨 스트리트(200 Larkin St.)에 있다. 시청 광장 바로 맞은편이다.

이곳은 옛날엔 도서관이었다. 도서관은 그 옆에 새로 건물을 지어 이사했고, 도서관 건물을 새로운 아시안 아트 전시관으로 개조하기로 결정했다. 결정을 내리는 데 한국인 이종문(Chong-Moon Lee) 회장의 공이 컸다.

1995년 10월, 아시아 미술 위원이자 존경받는 실리콘 밸리 기업가인 이종문 회장은 시민 센터의 새로운 아시아 미술관을 위한 자본 캠페인에 1,500만 달러(1백8십억 원)의 리더십 선물을 발표했다. 이 회장의 선물 규모를 알게 된 아시아미술위원회는 아시아 미술관에 '아시아 미술 문화 종문리 센터'를 설립했다. 1994년 이 박물관은 한국 전시관에 1백만 달러를 기부했다. 박물관은 1996년에 유명한 이탈리아 건축가 가에 아울렌티(Gae Aulenti)에게 맡겼다. 건축가 아울렌티는 역사적인 건축물을 박물관 공간으로 적응시키는 것을 전문으로 하는 디자이너로 널리 인정받고 있는 인물이다. 빛나는 수상 경력을 지닌 그녀의 프로젝트에는 1900년에 지어진 거대한 기차역을 파리의 오르세 박물관으로 재탄생시킨 것을 비롯한 대단한 경력들이 있다. 아시안 아트 뮤지엄은 2003년 3월 20일 현재 시민 센터 위치에 재건되었다.

아시아 문화유산 축제

샌프란시스코 시민 센터 플라자에서는 무료 문화 축제를 매년 5월에 연다. 행사는 무료이며 전 세계의 독특한 예술과 공예품, 엔터테인먼트의 두 단계 및 전용 어린이 지역을 제공한다. 전통 의복을 입고 전통 음식을 즐기기도 한다.

오전 11시에서 오후 4시까지 축제를 진행하며 음식 외에 라이브 공연, 건강한 생활관, 예술 및 공예품 전시를 즐길 수 있다.

동성애자들의 메카
카스트로 스트리트

샌프란시스코 마켓 스트리트(Market St.) 끝자락에 커다란 무지개 깃발이 펄럭이고 있다. 이곳이 동성애자들의 본거지임을 알려 주는 게이 플래그(Gay Flag)다.

게이들이 오래도록 음지에 모여 살았던 곳이 이곳이었고 1960~1970년대에 끈질긴 게이 해방 운동을 주도했던 곳도 이곳이다. 1970년 6월 27일 토요일 동성애자들은 스스로 자신이 동성애자임을 드러내놓고 거리행진을 벌였다. 떳떳하게 살고 싶고 남들과 같은 인권을 누리

고 싶다는 열망에서다.

그날을 기념해서 'Gay Freedom Day'라고 명하고 매년 퍼레이드를 펼친다. 게이 해방운동은 발전을 거듭하면서 결실을 맺어 지금은 여러 방면에서 특히 정치적으로 성공을 거두었다.

열심히, 건전하게 생활하는 많은 동성애자들이 일반 주택가에서 산다. 떳떳하게 게이 깃발을 대문 앞에 내걸고 이웃과 나란히 행복하게 지낸다.

미국 군대에 'don't ask, don't tell' 정책이 있듯이, 이웃 간에도 '묻지 않고, 말하지 않는' 불문율이 지켜지고 있다.

게이는 지식인이고 건전한 문화인이다. 물론 오래 보아 와서 눈에 익은 면도 있겠지만 실제로 알고 보면 게이들은 규정과 질서를 잘 지키는 성숙한 사람들이다. 게이들은 아이가 없어서 그런지 재정적 여유가 많다. 남성 둘이서 사는 집이 오죽하겠는가 하던 고정관념 역시 깨끗하게 해 놓고 사는 그들의 모습을 보면 여지없이 깨지고 만다.

어떤 면에서는 아름다운 사람들이다.

동성 결혼 합헌 결정과
그에 얽힌 이야기

   미국 연방 대법원은 2015년 6월 26일 미국 내 동성 결혼 합헌을 5:4로 판결했다.

   과거와는 달리 2000년대로 들어오면서 동성 결혼을 인정하는 사람들도 많이 늘어났다. 미국 시민 60%가 동성 간의 결혼을 찬성하는 것으로 나타나기도 했다. 오늘날 미국의 50개 주 중에서 동성 결혼을 금지하는 주는 오로지 14주뿐이다. 드디어 연방 대법원도 동성 결혼

을 지지할 수밖에 없는 실정이 되고 말았다. 오바마 대통령도 "이번 관결은 미국의 승리이다. 모든 국민이 평등하게 대우받을 때 우리는 더욱 자유를 누릴 수 있다"고 말했다.

동성결혼이 합헌이라는 결정을 얻어내기까지 45년이 걸렸다. 동성애자들의 본부라고 할 수 있는 샌프란시스코 카스트로 스트리트(Castro St.)에서 에이즈라고 하는 병이 발견된 게 1970년대 초이다. 처음에는 에이즈를 게이들에게 생기는 병으로 간주했다. 게이들이 애용하는 공중목욕탕을 폐쇄하고 무질서한 성행위를 원인으로 지목했다. 심지어는 신이 내리는 새로운 형벌이라고까지 말했다.

게이에 관한 논쟁은 끝없이 이어졌고, 드디어 1978년 샌프란시스코 시청 내에서 시장과 슈퍼바이저를 권총 살해하는 사건까지 벌어졌다. 샌프란시스코 카스트로 지역이 동성애자들의 본부여서 시 슈퍼바이저 역시 동성애자인 할비 밀크가 당선되었다. 당시 시장이었던 조지 모스코니 역시 게이인 할비 밀크를 지지하고 나섰다. 슈퍼바이저 밀크는 사사건건 게이와 성소수자(LGBT)들의 주장을 내세웠다. 시장인 모스코니는 밀크의 의견이 진보적이라는 이유로 받아들였다.

이 두 사람을 살해한 사람은 보수파 댄 화이트인데 그는 월남전 참전 경력이 있는 소방관 출신의 슈퍼바이저이다. 번번이 자신의 의견이 묵살되면서 정치에 회의를 느낀 화이트는 자리에서 물러났다. 슈퍼바이저 봉급으로는 가정을 꾸려 나갈 수 없다는 것이 이유였다. 모스코니 시장은 언제든지 다시 돌아오면 받아 주겠다고 약속했다. 그리고 얼마 후에 화이트는 다시 시장 모스코니에게 복직 의사를 피력했으나 이번에는 게이 출신 슈퍼바이저 밀크가 그의 복직을 반대했다.

언제나 자신의 길을 가로 막는 게이 밀크와 그의 지지자인 시장 모스코니를 권총으로 살해한 것이 1978년 11월 27일이었다. 화이트는 5년형을 복역하고 출소한 다음 사회에 적응하지 못하고 스스로 목숨을 끊고 말았다.

사건이 보여 주듯이 당시만 해도 동성애자들에 대해 시민들의 반응은 그다지 호의적이지 못했다. 세월이 흘러 드디어 연방 대법원에서 동성결혼이 합헌이라는 판결까지 나오게 된 것이다.

이는 금세기 들어 가장 쇼킹한 뉴스 중에 하나일 것이다. 현재 전 세계에 동성 결혼을 인정하는 나라는 21개국이다. 2001년 네덜란드가 세계 최초로 동성 결혼을 허용한 이래 벨기에, 스페인, 캐나다, 남아프리카 공화국, 노르웨이, 스웨덴, 아르헨티나, 포르투갈, 아이슬란드, 덴마크, 브라질, 프랑스, 우루과이, 뉴질랜드, 영국, 그리고 미국이 그 뒤를 이었다. 핀란드와 슬로베니아, 아일랜드는 앞으로 스케줄이 잡혀 있는 나라다. 그러고 보면 미국이 앞서가는 것도 아니다. 세계적인 추세에 따라가고 있는 것이다.

동성 결혼은 여러 가지 사회적 풍속도를 바꿔 놓을 것이다. 남자 엄마가 있을 수도 있고, 여자 아버지가 있을 수도 있다. 영란 신부와 영자 신랑의 결혼식도 벌어질 수 있다. 지금은 어색하게 들릴지 모르겠으나 이것도 시간이 흐르면 자연스러워지리라.

한국이 동성 결혼을 합헌으로 받아들이는 시점은 언제쯤 되려는지 궁금하다.

동화 속의 도시
카멜

   캘리포니아 카멜 시는 곱고 흰 모래로 된 해변이 끝없이 펼쳐진 아름다운 해안 도시다. 샌프란시스코에서 남쪽으로 120마일(190㎞) 떨어진 태평양 연안에 위치해 있다.

   2010년 인구 조사 결과 지난 10년 동안 인구가 4,081명에서 3,722명으로 감소할 정도로 작은 도시이지만 예술인들의 고향이라고 불릴 정도로 유명세를 탄다.

   몬테레이에서 해변을 따라 숲이 우거진 도로 17마일을 운전해 가면 페블비치 골프장이 나오고 그다음이 카멜이다.

캘리포니아에서 가장 로맨틱하고 매력적인 도시다. 이상적인 기후와 숲속에 싸여 있고 맑고 깨끗한 공기와 물이 신선한 도시임을 말해 준다. 세계에서 가장 살기 좋은 작은 도시로 알려져 있다. 신혼여행을 오는 커플들도 많고 골프, 스파, 하이킹을 즐기러 오는 사람들도 많다. 여름에는 관광객으로 북적대기도 한다. 상점들이 많고 화랑, 레스토랑, 카페도 많다.

영화배우 클린트 이스트우드가 시장을 역임했던 카멜이 클린트의 고향은 아니다. 그는 한국 전쟁 당시 몬테레이의 미군기지 포돌에서 근무하면서 카멜에 반했다고 한다. 그가 처음 만든 영화도 카멜을 배경으로 한 영화다. 그의 농장 미션 랜치(Mission Ranch)도 바다가 보이는 이곳에 있다. 1986년 시장에 출마해서 72%의 득표로 당선됐다. 영화 산업을 접어두고 2년 동안 성실히 시정 활동을 해 냈다. 수백만 달러씩 벌어들이던 그가 한 달에 단돈 200달러를 봉급으로 받았다. 시장으로서 첫 번째 한 일은 카멜에서 패스트 푸드 식당(Fast-Food Restaurant)은 개업할 수 없다는 조례를 만드는 것이었다. 프리스비(Frisbee, 던지기를 하고 놀 때 쓰는 플라스틱 원반)를 던지는 행위도 금지한나는 법도 만들었다.

카멜의 특징은 여러 가지가 있다. 전봇대가 없다. 가로등도 없다. 교차로에 신호등도 없다. 사거리에 정지 사인만 있고 기둥에 길 이름이 적혀 있다. 길을 따라 서 있는 건 가로수뿐이다.

관광객이 많아서 호텔도 많다. 그러나 모텔은 금지되어 있고 대신 인(Inn)과 코티지(Cottage)가 있다. 쇼핑 결과 저렴하다고 여겨지는 '노르만디 인'에 투숙했는데 다른 도시에 비하면 두 곱이나 비싸다. 유럽식 조식(Continental Breakfast)이 포함되기는 했다. 주의 사항도 많았다. '이 호텔은 1924년에 지었으므로 옆방에 방해되지 않게 소리를 줄여 주십시오' 하는 팻말이 있다. 아닌 게 아니라 옆방에서 하는 소리가 다 들린다. 운치와 멋 중심의 생활은 편의를 포기해야 하는 동전의 양면 같은 것이다.

비치에 나온 사람들은 개를 한두 마리씩 끌고 나왔다. 카멜은 'Dog Fiendly City'이다. 개와 함께 비치, 호텔, 레스토랑, 카페, 상점 어디든지 드나들 수 있는 도시는 카멜밖에 없다. 여름에는 개들을 위한 페스티벌도 열린다.

카멜의 정식 명칭은 Carmel-by-the-Sea이지만 단순히 Carmel이라고 불리며 1902년에 설립되었다. 미국 캘리포니아 주 몬테레이 카운티의 한 작은 도시다.

몬테레이 반도에 위치한 카멜은 자연 경관과 풍부한 예술적 역사로 유명하다.

카멜의 집들 중에 60%가 예술가의 집이다. 작곡가, 화가, 작가, 시인처럼 미적 예술과 관련된 일에 헌신하는 시민들에 의해 지어졌고 그들이 살고 있다.

초기 시의회는 예술가들에 의해 지배되었고, 도시에는 허버트 헤론, 포레스트 극장 창립자, 보헤미안 작가이자 배우 페리 뉴베리, 배우이자 감독 클린트 이스트우드 등 시인이나 배우들이 시장직을 수행했다.

카멜에는 울퉁불퉁한 포장도로로 인한 사고로 걸려 오는 소송을 막기 위해 제정된 법규가 있는데 '하이힐 금지법'이 그것이다. 허가 없이 하이힐을 신었다가 사고가 났다고 해서 고소할 수 없다. 여러 가지 비정상적인 법률로도 유명하다. 도로에 가로등이 없는 도시이다. 밤이면 도시가 칠흑처럼 깜깜한 것으로도 유명하다.

아름다운 도시 카멜이 예술가들의 천국으로 바뀌게 된 것은 지역 사회 지원보다도 천혜의 경관과 부대시설 그리고 예술인들의 서로 감싸주고 아끼는 마음 때문이다.

잭 런던은 그의 소설 『달의 계곡』에서 예술가들의 식민지 카멜을 묘사한다. 마을에 살았거나 자주 살았던 유명한 작가들 중에는 메리 오스틴(Mary Austin), 노라 메이 프렌치(Nora May French), 로빈슨 제퍼스(Robinson Jeffers), 싱클레어 루이스(Sinclair Lewis), 조지 스털링(George Sterling) 및 그의 보좌관 클라크 애슈턴 스미스(Clark Ashton Smith), 업턴 싱클레어(Upton Sinclair)가 있었다. 20세기 초 카멜의 비주얼 아티스트로는 앤 브레머(Anne Bremer), 퍼디낸드 버그도프(Ferdinand Burgdorff), 찰턴 포천(E. Charlton Fortune), 아놀드 겐트(Arnold Genthe), 퍼시 그레이(Percy Gray), 아민 핸슨(Armin Hansen), 앨리스 맥고완(Alice MacGowan), 찰스 롤로 피터스(Charles Rollo Peters), 윌리엄 프레데릭 리첼(William Frederic Ritschel) 및 시드니 야드(Sydney Yard)가 있다.

도심의 작은 건물을 포함하여 카멜의 여러 장소에서 전시회, 강의, 춤, 연극 및 리사이틀을 개최한다. 카멜 셰익스피어 페스티벌(Camel Shakespeare Festival)로도 유명하다.

샌프란시스코 과학 박물관

과학 박물관(San Francisco Science Museum)은 골든 게이트 파크에 있다. 현대식 건물에 지하 주차장도 넓다. 전시실도 잘 꾸려져 있고 카페, 음식점도 여러 군데에 있다.

전시실을 방문하기 전에 입구 근처에서 지도를 고르는 것이 좋다. 박물관은 광대하고 많은 놀라운 전시물이 있다. 지도가 있어야 현명하게 보고 싶은 곳을 찾아갈 수 있기 때문이다. 지도 옆에는 이벤트 'What's Happening' 브로슈어가 있다. 이것은 매일 박물관에서 진행되는 모든 무료 활동과 행사의 시간과 장소를 알려 준다. 이 두 가지 항목은 관람하는 데 큰 도움이 될 것이다.

⊙ Insider's Tip

플라네타륨에서 하는 쇼는 꼭 볼 것. 쇼 시간이 정해져 있으니 과학 박물관에 입장하자마자 티켓을 먼저 얻어야 한다.

스톤피시(Stonefish)라는 이름을 지
닌, 세계에서 가장 독을 많이 가진
물고기다. 등 뒤에 있는 지느러미
가 침이 돼서 쏜다. 공격적이지는
않고 오히려 게으르다. 위장술이
잘 발달되어 있어서 찾아내기가 쉽지
않다.

전체 수족관에는 거의 9,000종에 38,000마리 이상이 살고 있다.

해룡(Sea Dragon)이라는 물고기다. 이 물고기는 매우 민감해서 근
접 촬영이 금지되어 있다. 앞의 두 사진은 멀리서 망원렌즈로 찍은 사
진이다. 지느러미가 많이 달린 물고기가 암컷이고 지느러미 없이 깔
끔한 게 수컷이다.

클로드라는 희귀한 흰 악어다. 악어는 물이 천천히 흐르는 곳이나 늪지대 아니면 호수에서 산다. 성장이 매우 느림과 동시에 수명이 길다. 암컷은 11살이 되면 임신이 가능하다. 암컷의 수명은 50년 이상인 데 비해 수컷은 절반밖에 안 된다. 수컷은 성숙기도 느릴 뿐 아니라 먹이사냥에서 상처 입는 경우가 많기 때문에 제 수명을 다하지 못한다. 흰색 악어는 악어 세계에서 매우 희귀해서 전 세계에서 몇 마리 안 된다.

사진의 거대한 괴물은 100살 먹은 바다 농어(Sea Bass)다. 성장이 매우 느리고 수명도 길다. 어른 손과 비교해 보면 물고기의 크기를 가늠할 수 있다.

카멜레온(Chameleon)이다. 주변의 색깔에 따라 몸의 빛깔도 바뀌는 변덕스러운 녀석이다. 아프리카산으로 움직이지 않고 있다가 먹이를 공격할 때는 재빠르게 혀를 길게 내밀어 곤충을 낚아챈다.

세계에서 가장 큰 꽃이다. 라플레시아(Rafflesia) 식물에서 피어나는 꽃인데 지름이 1m나 된다. 꽃은 냄새가 고약해서 마치 시체 썩는 냄새와 흡사하다. 더욱 놀라운 것은 이 거대한 식물이 다른 식물에 빌붙어 기생한다는 사실이다. 다 자랄 때까지 약 16개월 동안 기생한다.

수족관 외에 '세계 열대 우림', '모리슨 천문관', '킴볼 자연사 박물관', '지진 전시' 등을 볼 수 있다.

샌프란시스코
미션 지역 벽화

샌프란시스코 미션 지역(Mission District Murals)은 중남미에서 온 이민자들이 몰려 사는 특수 지역이다. 그들의 문화가 곳곳에 묻어 있다. 상점과 술집과 음악과 생활하는 모습이 그대로 나타난다.

미션 지역 24가를 걷다 보면 중남미에 왔다는 느낌이 들 정도다. 그들의 문화 중 벽화는 그들의 생각을 여과 없이 나타낸다. 미션 지역 전체에 광범위하게 퍼져 있는 벽화는 줄잡아 1,000여 점으로 추산된다.

원색으로 그려진 벽화는 아무 생각 없이 그린 작품 같아 보이지만 이것이 중남미 벽화 문화의 근본이라는 것을 알아야 한다. 벽화는 페인트로 그리거나 모자이크한 그림도 있다.

벽화 문화는 교회, 식당, 학교, 공공장소, 기업, 개인 할 것 없이 벽이 있으면 그림을 그리는 것이다. 그림은 크기, 모양, 색상이 제각각으로 아름다운 작품이다. 때로는 이야기를 동반한 독특한 예술 작품이다. 미션 지역 24가를 걸어가면서 그들의 문화를 느껴 보는 것도 좋은 볼거리에 속한다.

그중에서도 차가 드나들 수도 없이 좁은 골목을 그림으로 장식해 놓은 곳이 두 곳 있다.

주로 차고 문짝이 벽화의 캔버스 역할을 한다.

첫 번째 골목: 바미 스트리트

　바미 스트리트(Balmy St.)에 있는 벽화다. 이 그림은 오래된 작품들 중 하나이다. 산살바도르 대주교인 오스카 로메로를 기념하는 초상화로, 그는 1980년에 산살바도르의 폭력에 반대하다가 암살당했다. 산살바도르 군인들에게 지역 사회의 사람들에 대한 폭력 행위를 중단하라고 요청했다. 그는 자신의 용감성에 대한 순교자로 간주되며 정부가 초래한 쏙력에 반대했던 인물이다.

　산살바도르 대주교와 나란히 있는 벽화는 오래된 창고 뒤편에 있는 정치적 벽화다. 벽화 위는 창고인데 수리가 필요하다는 것을 알 수 있지만 벽화는 훌륭한 모습으로 남아 있다.

이 그림은 새로운 미션 지역 벽화의 예이다. 2012년 2월에 이 그림을 공개했다. 그것은 에이즈 인식과 질병으로 고통 받는 사람들을 옹호하는 리처드 신부의 삶을 기념한 그림이다. 리처드 신부는 형제를 에이즈로 잃었고 그 이후로 다른 사람들을 돕는 데 헌신했다. 리처드 신부는 ALS 또는 루게릭병(Lou Gehrig's disease)으로 진단 받았고 5년간 병고를 치르다가 2011년 8월에 사망했다. 이건 아주 세세하고 색채가 풍부한 강력한 작품이다. 리처드 신부를 위한 훌륭한 기념탑이다.

두 번째 골목: 클라리온 앨리

벽화로 가득 찬 또 다른 거리는 클라리온 앨리(Clarion Alley)다. 이곳

은 조금 더 북쪽에 있으며 다양한 다채로운 미션 지구 벽화가 있다.
블록 전체에 줄지어 있는 방대한 양의 벽화를 볼 수 있다.

아래 벽화는 발렌시아와 게레로 거리 사이의 18가에 있는 4층짜리
여성 건물에 있다. 18가 도로변의 건물 벽화이고 코너를 돌아서면 건
물 옆 부분이 이와 유사한 그림으로 되어 있다. 건물 전체가 그림으
로 치장되어 있다.

존 스타인벡
문학관을 찾아서

 '스타인벡 페스티벌(Steinbeck Festival)'이 매년 8월 첫 주에 살리나스
에서 열린다.
 살리나스는 농장 지대로서 스타인벡이 살던 시절이나 지금이나 크
게 변한 게 없는 것 같다. 딸기밭이 끝없이 펼쳐진 벌판에는 딸기가
한창이었다. 살리나스 딸기는 크기로 유명하다. 어떤 딸기는 어른 주
먹만큼 크다.

국립 스타인벡 문학관은 생각보다 잘 꾸려져 있다. 존 스타인벡은 스탠퍼드 대학에 입학해서 공부보다는 책 읽기와 쓰기에만 치중하다가 중퇴했다. 학자금 문제도 있기는 했었지만….

1930년 대공황이 닥쳤을 때 살리나스 일대의 농장을 배경으로 파업을 조직하는 공산주의자들을 묘사한 『승산 없는 싸움』, 농업 기계화에 밀려 서부로 향하는 조드 일가의 빈곤한 삶의 투쟁을 그린 『분노의 포도』 등 사회주의적 사상이 농후한 작품을 출간했다.

그로 인하여 미국 사회에서 금서 운동 내지는 그의 책을 다 불사르는 소동까지 벌어졌었다. 오늘도 문학관에서 스타인벡을 설명하는 안내인이 그의 사상을 옹호하느라고 진땀을 빼는 모습을 볼 수 있었다.

> "항간에서는 그가 공산주의자이다 뭐다 말들이 있지만 아무 근거 없는 이야기들이다. 그의 첫 번째 부인 캐롤은 공산당에 가입한 사실이 있다. 그러나 존은 가입한 일이 없고 오히려 그의 서류에는 민주당에 가입한 기록만 있을 뿐이다. 군에서 그의 뒷조사를 해 보았으나 혐의점을 찾지 못했다. 그를 아는 사람들에게 다 물어보았으나 별다른 징후를 찾지 못했다. 다만 그의 작품을 보는 시각이 다를 뿐이다."

하지만 그가 군에 지원했다가 부적격 판정을 받은 일이라든지, 여권을 신청했다가 거부당한 사건은 그의 사상을 의심하지 않을 수 없게 한다. 그러나 1930년 당시는 세계적으로 공산주의가 선망의 대상이었던 것도 고려해야 한다.

대공황으로 먹을 게 없었던 미국도 예외가 아니었다. 많은 노동자가 공산주의를 선망했고 공산당을 결성했으며 그 잔해가 불과 수년 전까지만 해도 존재했었다.

2005년에 와서야 LA에 있던 공산당 사무실이 마지막으로 문을 닫았다는 뉴스가 보도된 바 있다. 한국도 이와 유사해서 1930~1940년대에는 많은 문인이 공산주의에 심취해 있었다.

존 스타인벡은 늘 책을 읽으면서 메모를 해 놓는 습관이 있었다. 그것도 책 가장자리 여백에다가 낙서 같은 메모를 여기저기 써 놓았다.

존 스타인벡은 세 번 결혼했다.

첫 번째 부인 캐롤 헤닝(Carol Henning)은 편집인이었다. 가난했던 결혼 초부터 존의 작품 활동을 도와주고 타자도 쳐 주었으며 『분노의 포도』라고 하는 작품명도 그녀가 지어 주었다. 지금의 실리콘 밸리인 로스가토스에 새집을 짓고 12년을 같이 살았다. 이혼하고도 많은 세월이 흐른 후 스타인벡이 노벨상을 받았을 때 그녀는 축전을 다음과 같이 보내기도 했다.

"이러한 경사가 있으리라는 것을 오래전부터 알고 있었습니다."

글은 글을 읽는 사람들만이 알아볼 수 있다는 것을 새삼스럽게 느끼게 하는 대목이다.

두 번째 부인 구인돈 콘걸(Gwyndoyn Conger)은 스타인벡의 어린 시절 친구였으면서 직업 가수였다. 스타인벡이 그녀를 보는 순간부터 사랑이 불붙기 시작해서 곧바로 전처와 이혼하고 새로 결혼했다. 두 아들을 낳았으면서도 5년 만에 이혼하고 말았다.

두 아들은 지금 생존해 있다. 작품 『에덴의 동쪽』에 등장하는 인물 캐티가 지닌 악의 근원은 부인 구인돈의 반복되는 부정행위와 배신에서 얻은 경험을 바탕으로 한다.

세 번째 부인 일레인 스콧(Elaine Scott)은 할리우드에서 배우이자 스테이지 매니저로 성공한 인물이었다. 두 사람은 카멜 비치에서 만나 행복한 결혼 생활을 했고 돈독한 친구 관계였다. 그녀는 스타인벡이 죽은 후에 그의 문학 작품 집행인이기도 했다. 살리나스에 있는 스타인벡 가족 묘지에 같이 묻힌 여인이다.

존 스타인벡은 1940년 퓰리처상을 받았고 1962년 노벨 문학상을 받았다. 미국인으로서는 6번째 노벨 문학상이었다. 존은 수줍음이 많은 사람이었다. 그는 사람들 앞에서 연설하기를 싫어했다. 노벨상 수상식에서 한 연설이 그의 생애를 통틀어 가장 훌륭한 연설이었다고 회고했다.

국립 스타인벡 기념관이 자리 잡고 있는 살리나스 이웃에 가면 그가 어린 시절 살았던 생가가 있다. 110년이나 된 고옥이지만 지금도 아름답게 치장해 놓았다.

빅토리안 스타일의 집은 상인이었던 코너(J. Conner)라는 사람이 1897년에 지었고 존의 아버지가 사서 이사한 집이다. 1973년까지 존의 누이가 살았다. 1973년 소유권이 살리나스 부인회로 넘어왔고 지금은 부인회에서 관광객에게 개방하고 있다. 이곳에서 일하는 사람들은 자원봉사자들로 식당과 기념품점을 하면서 생가 유지비를 조달하고 있다.

안내인이 가리키는 2층 방이 존의 방이었다. 존은 그 방에서 첫 단편을 집필했다. 바로 밑 1층 방이 존이 태어난 방이다. 거울이 달린 장롱 같은 가구들이 그대로 보관되어 있다. 당시에는 TV도 없어서 저녁에는 식구들이 벽난로가 있는 응접실에 모여 앉아 이야기를 나눴다.

작가는 누구나 그러했듯이 존도 어려서부터 책 읽기를 좋아했다. 존의 가정은 어머니가 초등학교 교사였고 아버지는 시 재무관인 전형적인 중산층이었다.

존은 성장해서 서른 살이 될 때까지 온전한 직장이 없었다. 2층 자기 방에서 글이나 쓰면서 지내다가 첫 작품을 출간했다. 존의 어머니가 책방을 찾아다니면서 그의 책을 팔아 달라고 부탁하면 번번이 거절당했다. 밑바닥 서민들의 고초를 그리는 이야기는 팔리지 않는다는 게 이유였다.

사후에 스타인벡은 어머니 가계가 묻혀 있는 살리나스 가족 묘지에 잠들었다. 외가 쪽 해밀턴(Hamilton)이라는 가족 묘지에 스타인벡의 부모도 있고, 그와 그의 세 번째 부인 일레인 스콧이 같이 묻혀 있다.

존 스타인벡을 노벨 문학상 대열에 올려놓는 데 가장 큰 역할을 했던 『에덴의 동쪽』 제목은 『구약성서』 「창세기」의 카인이 아벨을 죽이고 에덴의 동쪽으로 도망갔다는 구절에서 따온 것이다.

원주 박경리 문학관에 들렀을 때 선생께서는 지금까지 써 온 작품들은 『토지』를 쓰기 위한 연습이었다고 했다. 존 스타인벡 문학관에서도 지금까지 써 온 작품들은 『에덴의 동쪽』을 쓰기 위한 연습이었다고 한다.

『에덴의 동쪽』은 영화로 만들어지면서 더 유명해졌다. 잘생기고 반항아 같은 이미지를 지닌 젊은 제임스 딘의 처녀 출연작이기도 하다. 이 영화 한 편으로 세계 젊은이들의 우상이 되었던 딘은 영화 〈자이언트〉를 한편 더 찍고 교통사고로 사망하고 말았다. 그의 나이 24세였다. 존 스타인벡이 묻혀 있는 가족 묘지가 〈에덴의 동쪽〉을 촬영한 현장이기도 하다.

존 스타인벡이 평소 하던 말 중에서 인상적인 말이 기억에 남는다.

"맥주의 첫 모금보다 더 좋은 맛은 없다."
"들어줄 사람들에 관한 이야기가 아니면 그들은 들으려 하지 않으리라."

오늘날 한국의 젊은 세대가 잘사는 현재만 보아서 과거 어려웠던 시절을 모르듯이, 나는 미국의 화려한 모습만 보고 살아와 미국도 가난하고 힘든 과거 있었다는 사실을 몰랐다. 존 스타인벡 문학관 기행은 미국의 어려웠던 과거에 대해 깨우치는 계기가 되었다.

잭 런던
생가를 찾아서

미국이 낳은 문호 잭 런던의 생가가 나파 밸리에 있다. 잭 런던의 생가를 찾은 것은 이번이 세 번째다. 첫 번째는 결혼하기 전 싱글로 있을 때였다. 그의 이름만 들어도 가 보고 싶었기 때문이다. 두 번째로 아이들이 고등학교에서 잭 런던을 공부할 때 교육차 방문했었다. 그리고 이번이 세 번째다. 잭 런던의 생가는 '미국 역사 기념물(National Historic Landmark)'로 지정되어 있고 '잭 런던 캘리포니아 주립공원'으로 보전되고 있다.

생가로 들어가는 입구에 작은 동네가 있고 Wolf House라는 카페 겸 레스토랑이 있다. 이 카페에 잭 런던이 가끔 내려와 한잔했었다고 알려져 있다.

잭 런던은 1876년 샌프란시스코에서 태어났다. 그의 아버지는 노동자였다. 가난에 쪼들리던 그의 부모는 잭이 세 살 되던 해에 다리 건너 오클랜드로 이사했다. 가난에 허덕이던 잭의 아버지 존은 노동자 생활을 걷어치우고 농부가 되어 알라메다로 이사한다. 다음 해에는 산마테오로 이사해서 농사를 짓다가 일 년 후에는 리버모어로 가서 농사일을 계속했다. 일 년에 한두 번씩 이사를 다녔으니 잭은 공부할 겨를이 없었다.

잭은 5살에 읽기와 쓰기를 터득했다고 한다. 어려서부터 책 읽기를 좋아해서 닥치는 대로 읽었다. 리버모어 농장에서 잭이 해야 하는 일은 아침부터 해 떨어질 때까지 벌 꿀통을 지키는 일이었다. 후일 잭이 회상하기를 온종일 벌 꿀통만 지키고 있자니 심심해서 책을 많이 읽게 되었고 꿈도 많이 가지게 되었다고 한다. 그의 나이 아홉 살이었다. 리버모어 농장은 다 망했고 그의 집은 다시 대도시 오클랜드로 이사했다.

1887년 10살 때 갈필드 초등학교에 편입했다. 그리고 신문 배달을 해서 가정을 도왔다. 불과 몇 달 만에 다시 집을 이사하는 바람에 학교를 콜 초등학교로 옮겼다. 그의 나이 스무 살이 되기도 전에 24번이나 이사 다녔다. 어린 시절 그의 교육과정이 어떠했는지 가늠이 가고도 남는다. 잭 런던의 생은 경제적으로 육체적으로 극한 상황이었다. 열 살에 신문 배달로 가정을 돕기 시작해서 열네 살에 통조림 공장에서 하루 10시간 넘게 일을 해야 했다. 그는 그 시절을 되돌아보며 고된 노동보다 공장에서 시간을 다 도둑맞는 게 더 억울했다고 했다.

열여섯에는 바다에서 생산된 굴로 굴 해적 행위를 하기도 했다. 굴 해적이란 돈벌이에 밝은 대기업이 서부 지역 바다에 굴 농장을 차려놓고 동부에서 가져온 굴이라며 고가에 팔아 폭리를 취하는 행위를 말한다. 동부 지역 굴은 질이 좋아 가격도 높다는 점을 이용하여 벌인 일이었다. 잭 런던은 밤에 몰래 굴 밭에서 굴을 캐다가 오클랜드 새벽 시장에서 싸게 팔았다. 이것을 가리켜 굴 해적이라고 불렀다. 굴 도둑 질인 것이다. 당시 지역 주민들도 대기업의 폭리에 불만을 품고 있던 차에 굴 해적으로 싼 가격에 좋은 굴을 먹을 수 있어서 좋아했고 경 찰도 이 사실을 알면서도 눈감아 주고 있었다.

잭 런던은 알래스카에 가서 금광을 찾아 헤매기도 했고, 도보로 대 륙을 횡단하는 여행을 하느라고 집을 떠났다가 2년 뒤인 1894년에 돌아오기도 했다. 글을 잘 쓰던 잭은 고등학교에서 학교신문 편집 일 을 맡아 했다. UC Berkeley에 입학해서 영문학을 한 학기만 공부하 고 그만뒀다.

잭 런던은 19세에 단편 소설 『누가 귀신의 존재를 믿는가』를 썼다. 그는 돈을 벌기 위해 글을 썼다. 수입이 많은 장편 소설, 단편 소설, 여행기, 산문. 닥치는 대로 썼다. 당시 출판 기술의 발달로 잡지와 신 문이 성행했다. 잭 런던이 쓰는 글들은 잡지나 신문에 실렸다. 하지만 책으로 간행되기는 어려웠고 출판사로부터 수백 번 퇴짜 맞았다. 1903년 『야성이 부르는 소리(The Call of the Wild)』가 《새터데이 이브 닝 포스트》 잡지에 실렸다. 작품을 읽은 유명한 출판사 맥밀런의 눈 에 띄어 출간에 성공한다. 그로 인하여 베스트 작가 서열에 끼게 되 었다. 이는 영화로도 만들어졌고 미국 고전 소설 중의 하나가 되었 다. 그의 작품은 그가 직접 듣고 체험한 세계에 상상력을 가미하여 구수한 입담으로 이야기를 풀어가고 있다. 세계 80개 국어로 번역되어 있다. 19편의 장편 소설과 200편의 단편과 500편의 논픽션을 썼다. 나중에는 소재 고갈로 무명작가들로부터 돈을 주고 글감을 사서 쓰기도 했다. 그때 잭 런던에게 소재를 판 대표적인 인물이 뒤에 미국인 최초로 노벨 문학상을 수상하게 되는 싱클레이 루이스이다.

1904년에 28살이었던 잭 런던은 《샌프란시스코 이그재미너》 기자로 러일전쟁 취재차 조선에 갔었다. 그 당시 기사를 보면 그는 나름대로의 동양인관을 가지고 있었던 것으로 보인다. 조선인을 미개한 국민으로 평가하고 있는 반면에 일본은 높이 평가했고 중국인의 끈질긴 근면성을 주시하기도 했다.

책을 많이 써서 번 인세로 1905년에는 나파 밸리(Napa Valley) 글렌 엘런(Glen Ellen)에 1,400에이커나 되는 거대한 농장을 구입했다. 말이 좋아 농장이지 사방 1㎞ 되는 야산이다. 자신의 농장에서 10년을 살다 죽었는데 그동안 하루도 빼놓지 않고 매일 아침 1천 단어를 쓰는 글쓰기를 계속했다.

그의 대표작 『The Valley of the Moon』을 이곳에서 탈고했다. 그뿐만이 아니라 비즈니스맨으로서, 농부로서의 아이디어로 여러 계획과 실천을 수없이 시도했다고 한다. 그가 자신의 저택을 구상한 것도 이때의 일이다.

농장에다가 지을 거대한 저택을 구상했다. 저택 이름을 '늑대의 집'이라고 명명했다. 설계는 샌프란시스코에서 경험이 풍부한 앨버트 파(Albert Farr)라는 설계사가 맡았다. 1911년부터 짓기 시작했다. 그의 나이 35세였다. 15,000sq 2층짜리 대저택에 방이 26개에다가 벽난로가 9개나 되는 호화 저택이다. 이층에 실내 수영장이 있고 껍질을 벗기지 않은 붉은 소나무(Redwood) 목재와 화산석으로 지었으며 스페인식으로 지붕 처리를 하였고 붉은 기와를 얹기로 되어 있다. 잭 런던과 부인은 매일 집 짓는 인부들의 모습을 만족스러운 미소를 지으며 바라보았다.

잭은 1900년 24세에 베시 매던(Bessie Maddern)과 결혼해서 두 딸을 낳고 4년 만에 이혼했다. 1905년에 곧바로 두 번째 부인 차미언 키트리지(Charmian Kittredge)와 시카고에서 결혼했다. 두 사람 사이에 아이는 없다. 농장의 새 저택은 두 번째 부인과 그리는 꿈의 맨션이었다.

새집을 '늑대의 집'으로 이름 짓고 이사 들어가기 일주일 전 1913년 8월 22일 불이 났다. 그 당시나 지금이나 캘리포니아의 8월은 산불이 많이 나는 계절이다. '늑대의 집'은 순식간에 다 타 버렸다. 화마는 매우 빨리 진행되어서 손쓸 겨를이 없었다. 대중매체들은 자연 발화인지 방화인지 의문을 제기했다.

건축업자 나탈 포니(Natale Forni)는 자연 발화라고 했다. 그러나 항간에서는 중국인 하인들이 여러 명 있었는데 그들이 불을 질렀다고 하는 말도 떠돌았다. 또 다른 루머로는 잭 런던이 집 짓는 데 너무 많은 돈을 쓰다가 부도가 날 상황까지 가서 은행에서 압류가 들어오면 농장까지 넘어갈 판이었기에 화재보험으로 커버하기 위하여 불을 냈다는 말도 떠돌았다. 진실은 아무도 모른다.

잭 런던은 벽이 남아 있으니 다시 짓겠다고 말했다. 그러나 1916년 40세의 젊은 나이로 유명을 달리했고 집은 다시 세우지 못했다. 급작

스러운 사인은 요독증(Urenia)이었다.

잭 런던 출생과 사망의 비밀

잭 런던의 꿈의 집 '늑대의 집'은 한여름 밤에 전소되어 앙상한 뼈대만 남았다. 그것도 새집으로 이사 들어가기 일주일 전에 모두 타 없어지고 말았다.

맨션 2층에는 수영장이 있고 도서실과 작업실이 있다. 세계여행에서 수집해 온 기념품들을 넣어두는 넓은 지하실이 있다. 아래위 층을 터놓은 거실에는 벽난로와 부인 차미언의 피아노가 있다. 50명이 함께 앉아서 만찬을 즐길 수 있는 다이닝룸도 있다. 많은 사람이 기거할 수 있는 손님방이 따로 있고 아래층에는 남자들만이 들어갈 수 있는 놀이방도 있다.

불이 난 이유에 관한 가설이 전해 온다. 1995년 밥 앤더슨(Bob Anderson) 주도하에 전문가들로

구성된 화재 원인 규명단이 꾸려졌다. 조사 결과 '아마 씨 기름을 흠뻑 먹은 걸레들이 잔뜩 쌓여 있었고 1913년 8월 무더운 밤의 열기로 자연발화되었다'는 결론이 났다.

가난과 집 없는 서러움을 겪어 온 잭 런던은 밤낮을 가리지 않고 일하는 습성이 있었고 거대한 저택에 집착했었던 것 같다.

1876년 1월 12일 잭 런던이 태어날 때 이름은 존 그리피스 채니(John Griffith Chaney)였다. 메인주 출신 윌리엄 채니의 서자인 셈이다. 그의 생부 윌리엄 채니는 떠돌아다니는 점성가이면서 신문이나 잡지에 기고도 하는 사람이었다. 어머니 후로라 윌리엄은 혼령과 대화하는 사람(Spiritualist)이다. 생부(1821년 1월 13일생)와 어머니(1843년 8월 17일생)는 22년 나이 차이가 난다.

생부 윌리엄 채니는 처자식이 있는 몸으로 잭 런던의 어머니는 하나의 노리갯감이었다. 잭 런던이 태어났을 때 생부 윌리엄은 아버지가 되기를 거부했다. 잭 런던이 8개월 되었을 때 어머니 후로라는 두 딸이 있는 홀아비 존 런던(John London)과 결혼했다. 존 런던은 남북전쟁 당시 북군 출신으로 막 샌프란시스코로 이주해 온 사람이다. 계부는 후로라의 아기 이름을 자신의 호적에 올리면서 잭 그리피스 런던(Jack Griffith London)으로 개명하고 친아들로 받아들였다.

잭 런던은 출생의 비밀을 20세가 넘도록 까맣게 몰랐다. UC Berkeley 대학에 입학하고 난 다음에야 생부가 있다는 사실을 알았다. 충격이 컸다. 메인 주에 거주하는 생부에게 사실 확인을 위해 편지를 썼으나 구차한 변명만 들었다.

잭 런던의 묘소는 자신의 농장에 있다. 묘소로 가는 길은 숲길이다. 참나무들과 낙엽, 그리고 적막하고 으스스한 분위기다. 잭 런던이 죽기 일주일 전에 산책하던 길이기도 하다.

건강했던 사람이 갑자기 죽었기 때문에 항간에서는 자살이 아닌가 말하기도 한다. 공식적인 사망 진단서에는 두 명의 의사가 서명 날인했고 사인은 요독증이라고 되어 있다. 잭 런던은 오래도록 신장에 문제가 있었다. 흡연과 과로가 겹쳐 증세가 심해졌고 고통을 줄이기 위해 모르핀을 맞았다. 과도한 모르핀이 사인이 아니었나 해서 자살 루머도 나돈다.

1849년 서부 개척자들이 캘리포니아로 몰려오기 시작했고, 1876년 개척자가 지금은 잭 런던의 농장인 이곳 동산에 머물다가 병으로 4살과 6살 먹은 두 아들을 잃었다. 나무로 작은 묘비를 세워 놓고 이름을 적어 놓았다. 그린로(Greenlaw) 가족 중의 두 아들이다. 큰아들 데이비드는 1876년 11월 20일 사망했고, 작은아들 리리는 그다음 해인 1877년 8월 8일 사망했다. 조그마한 나무판자로 만든 오리지널 묘비는 썩어서 새 나무로 똑같이 만들어 교체해 놓았다. 어린아이들의 작은 무덤은 잭 런던이 이 농장을 구매하기 훨씬 전에 존재해 있었다.

미국의 토지법은 영국을 본떠서 만들어졌기 때문에 영국 토지법과 같다. 마치 한국의 토지법이 일본의 것과 같은 맥락이다. 미국 토지법은 공동묘지 외에는 매장이 허락되지 않으나 어린아이들의 묘가 야산에 만들어진 것은 캘리포니아 토지법이 생겨나기 전의 일이었기 때문에 가능했던 것이다.

어린아이 묘소 앞에 잭 런던의 묘가 있다. 잭 런던은 1916년 11월 26일 40세의 나이로 사망했다. 캘리포니아 주법에 의해서 당연히 개인 농장에 묘소를 차릴 수 없었다.

잭과 부인 차미언은 말을 타고 농장을 산책하는 것이 취미였다. 하루는 어린아이들 묘 앞을 지나다가 묘가 매우 쓸쓸하고 아이들이 외로울 것으로 생각했다. 잭은 부인에게 내가 죽거든 화장해서 재를 아이들 묘 근처에 묻고 그 위에 큰 바위를 놓아 주면 내가 아이들과 있음으로써 아이들이 외롭지 않을 것이라고 말했다.

부인은 그의 말대로 실행했다. 그리고 1955년 부인 차미언이 사망한 다음 그녀 역시 재를 같은 곳에 묻었다. 잭 런던 부부가 합법적으로 사랑하는 자신의 농장에 묻히게 된 사연이다.

가을이 깊어 가는 어느 저녁, 잭 런던 묘소를 둘러보고 오면서 생각해 본다.

지혜는 어디서 오는가?

극작가 유진 오닐의 저택을 찾아서

유진 오닐(Eugene O'Neill)은 1888년 10월 뉴욕 브로드웨이의 허름한 싸구려 호텔에서 태어났다. 그의 아버지 제임스 오닐은 당시 유명한 연극배우로서 '몬테크리스토 백작' 배역만 20년째 계속해서 맡아온 지루한 연기자였다.

오닐은 싸구려 호텔 방과 무대 뒤를 오가면서 어린 시절을 보냈다. 자라면서 프린스턴 대학에 진학하게 되었고 아버지는 배우로서 훌륭한 자질이 있으면서도 평생 한 배역만 되풀이하다 보니 발전이 없다는 사실도 알게 되었다. 어머니는 가난한 호텔 방에서 힘들게 오닐을

출산한 후유증으로 고생하다가 통증을 견디기 어려워 마약에 손을 대면서 결국 중독되고 만다. 오닐은 현실에서 벗어나려고 대학 1학년을 중퇴하고 선원이 되어 남미로 떠났다.

그의 나이 24세에 다시 뉴욕으로 돌아왔을 때에는 당시 유행하던 폐병에 걸려 있었다.

한때 자살을 시도한 적도 있었다. 1916년 매사추세츠 주 동남부, 케이프 코드의 끝자락에 있는 작은 부둣가 요양 미을 프로빈스 타운에서 아마추어 극단의 실험 연극을 보고 자신의 작품을 공연케 함으로써 위대한 극작가는 탄생하게 된다.

공교롭게도 프로빈스 타운은 1620년에 필그림 파더즈(Pilgrim Fathers: Mayflower호를 타고 온 영국 청교도들)가 처음으로 신대륙에 상륙한 땅이기도 하다.

그는 1920년『수평선 넘어(Beyond the Horizon)』로 퓰리처상을 수상했다. 2년 뒤『안나 크리스티(Anna Christie)』로 두 번째 퓰리처상을 받으면서 미국에서 가장 극적인 장면을 연출하는 극작가로 인정받았다. 1928년『기묘한 막간극(Strange Interlude)』으로 세 번째 퓰리처상을 수상했다.

유진 오닐은 그의 아버지와는 다르게 여러 가지 과감한 예술적 실험을 끝없이 시도했다. 당시 최초로 흑인을 주인공으로 세우기도 했고 가면을 쓰고 등장하는 파격적인 면도 있었다. 그의 대표작 중의 하나인『느릅나무 밑의 욕망(Desire Under The Elms)』을 보면, 물론 그리스의 고전(Medeia and Phaedra)에서 따오기는 했으나 당시로서는 너무나 파격적인 스토리가 나온다. 이는 연극계를 완전히 뒤엎는 사건이 된다.

호색가이며 욕심이 많은 늙은 아버지는 돌부리밖에 없는 땅을 일궈 농장주가 되어 장성한 세 아들과 함께 살고 있었다. 부인이 죽고 난 다음 젊은 새 부인 애비를 맞이한다. 위로 두 형은 캘리포니아로 금광을 찾아 떠났다. 20대 막내아들 에벤과 젊은 부인 애비는 서로가 아버지의 재산을 차지하려는 갈등을 빚는다. 그 가운데 젊은 부인은 아들을 낳고 늙은 남편에게 재산은 당신의 갓 낳은 아들에게 물려주어야만 한다고 말한다. 그러면서도 막내아들에게는 당신을 뚝 닮은 우리들의 아들이라며 사랑을 요구한다. 늙은 아버지와 막내아들 사이를 넘나들며 늙은이에게서는 재산을, 젊은 막내아들에게서는 사랑을 갈구하던 에비는 결국 끔찍한 일을 저지르고 만다. 갈등 속에 나날을 보내던 막내아들 에벤은 애비의 끈질긴 사랑 요구에 못 이겨 차라리 아기가 태어나지만 않았더라면 우리들의 관계는 지속되었을지도 모른다고 말한다. 그러면서 이제 나는 멀리 떠나가겠다고 힌다.

에벤을 떠나보내기 싫었던 애비는 자신이 얼마나 에벤을 사랑하는지 증명해 보여 주려고 아기를 살해한다. 아기만 없다면 다시 옛날로 돌아가 에벤과 사랑에 빠지고 싶었다며 말이다.

뒤늦게 자초지종을 알아낸 아버지는 보안관을 불러 이들을 체포하게 한다. 부정한 아내, 유아 살해, 보복과 갈등 그리고 허망한 욕망을 적나라하게 펼친다.

뉴욕에서는 공연이 금지되었고, LA에서는 공연하고 나오는 배우들을 구금하는 사태가 벌어지기도 했다. 드디어 1936년 유진 오닐은 미국인 극작가로서는 최초로 노벨 문학상을 받았다. 그의 나이 48세였다.

샌프란시스코에서 차로 30분 정도 동쪽으로 가면 댄빌이라고 하는 작은 도시가 나온다.

그곳에 유진 오닐의 역사적 저택이 있다. 저택은 그들 부부가 붙인 이름대로 '타오(Tao, 道) 집'이라고 명명했다. 유진 오닐은 평생 집을 가져 보지 못했다. 그러다가 노벨 상금으로 받은 4만 달러로 댄빌에 158 에이커에 달하는 농장을 샀다.

그리고 디아블로 산이 바라다 보이는 언덕에 2층짜리 집을 지었다. 이곳에 자리를 잡게 된 사연은 세 번째 부인에게 있다. 세 번째 부인 캐로타(Caelotta)는 샌프란시스코에서 태어난 연극배우다. 오닐은 동양 문화에 관심이 많았고 부인 캐로타는 고등학교 때부터 중국 문화에 심취되어 도교 사상에 물들어 있었다. 두 사람은 집을 스페니쉬 스타일로 짓고 중국풍을 가미했다. 정문으로는 외쪽 자리 대문을 달았다. 대문은 검은 칠로 해 놓았는데 이것은 검은색이 음기의 출입을 막는다는 동양적 사상에서 비롯된 것이었다.

대문에 한문으로 '대도별서(大道別墅)'라고 쓰여 있는데 대도는 도교 사상을 말하고 별서는 중국 건축사에서 별장같이 좋은 위치의 건물을 말한다. 도교는 신선 사상, 음양오행을 의미하니 결국 '도를 지키는 아름다운 집'이라는 뜻이다. 미국인들은 대도별서의 의미는 관심에 없고 간단하게 '타오(道) 집'이라고 부른다.

대문으로 들어서면 정원이 나오는데 정원을 통해 안으로 들어가는 길을 ㄱ자로 꺾어 돌아서 들어가게 해 놓았다. 마치 조선 왕릉에 가면 ㄴ자 식으로 길을 꺾어 놨듯이. 이것은 귀신은 직선으로만 갈 뿐 돌아가지 못한다는 동양의 속설을 믿고 귀신이 못 들어오게 디자인해 놓은 것이다.

오닐은 1937년부터 1943년까지 이 집에서 거주했다. 정원에는 야외용 의자를 놓고 햇볕을 즐기기도 했다. 집 안으로 들어서면 입구 왼쪽에 녹색 거울이 있고, 1층 거실에는 청색 거울이 걸려 있다. 어떤 의미가 있어서가 아니라 부인의 취향이었다고 한다. 침실에는 검은색 거울이 걸려 있다. 거실은 널찍하고 중앙에 벽난로가 있으며 돌아가면서 책장이다. 천장은 짙은 청색을 칠했는데 밤하늘을 의미한다.

바닥은 갈색 타일을 깔았는데 땅을 의미한다. 이게 다 동양 철학에 심취해 있던 부인의 아이디어다.

2층 오닐의 서재는 매우 협소하다. 책상 두 개가 서로 반대 방향을 향해 있고 의자를 가운데 놓았다. 의자를 180도 돌리면 이 책상에서 저 책상이 되는 것이다. 의자에 앉아 작품을 쓰다가 의자를 돌려 앉으면 다른 작품을 쓰기 위함이었다고 한다. 두 작품을 동시에 쓰기 위해서 앞을 보고 앉았다가 뒤돌아 앉기를 반복한 셈이다. 책상 위에는 잘 깎인 연필이 있다. 오닐은 늘 연필로 썼다.

책상 앞에는 커다란 창문이 있고 창문으로는 디아블로 산이 내다보인다.

유진 오닐은 세 번 결혼했는데 첫 번째 부인 캐트린(Kathleen Jenkins)과는 3년간 살면서 아들 오닐 주니어를 낳았다. 아들은 1950년 40세의 나이로 자살했다.

두 번째 부인 아그네스(Agnes Boulton)와 11년 살면서 낳은 아들 세인은 1977년 자살했고, 딸 우나는 1943년 18살 때 영국 배우이면서 감독인 유명한 찰리 채플린(Charlie Chaplin, 당시 54세)과 결혼했다. 나이 차이가 커서 오닐이 그렇게도 말렸는데 말을 듣지 않고 결혼하고 말았다. 그 후 오닐은 딸과는 더 이상 만나지 않았다. 찰리 채플린과 우나는 샌프란시스코 금문교를 건너 나파 밸리에서 살았다.

세 번째 부인이 배우 출신 캐로타(Carlotta)인데 오닐과는 동갑내기다. 여러 번 헤어졌다 다시 합치기는 했어도 서로가 필요했었기 때문에 이혼은 하지 않았다.

오닐의 자서전과 같은 작품 『밤으로의 긴 여로(Long Day's Journey into Night)』도 이 집 서재에서 썼다. 부인에게 내가 죽은 후에 발표해 달라고 부탁하고 세상을 떠났다. 네 번째 퓰리처상은 그의 사후에 주어졌다.

오닐의 침실에 있는 침대는 중국산 침대로 우리네 커다란 교자상 같이 생겼다. 수년 전 경매에 넘어간 것을 유진 오닐 재단에서 부탁해서 기증받았다고 한다. 안방은 벽과 천장을 온통 회색으로 칠했는데 이것은 오닐이 바다 안개를 좋아해서 안개를 칠한 것이다. 밤마다 안갯속에서 잠을 이루는 오닐을 상상해 볼 수 있다.

그의 저택을 둘러싸고 있는 넓은 농장에서 어떤 농사일을 했던 것은 아니다. 한편에는 커다란 연못이 있고, 다른 편에는 농기구 넣어두는 창고가 있다. 농장에서는 닭장을 지어 놓고 오닐 스스로 취미 삼아 닭을 길렀다고 한다.

유진 오닐은 개 '브레미(Blemie)'를 무척 사랑했다. 사냥개 종류의 포인터인데 잠잘 때도 데리고 잤다고 한다. 1930년 대공황으로 먹을 게 없어서 굶어 죽는 사람들이 속출했었는데 그때도 브레미에게는 스테이크를 먹였다고 한다. 오닐은 브레미를 너무 사랑해서 그의 무덤을 농장 언덕에 만들어 주었다.

돌비석에는 '충직한 친구 평화롭게 잠들다'라고 쓰여 있다.

샌프란시스코 베이 지역
10대 사립 고등학교

교육 리뷰 사이트인 니체(Niche)는 정부 및 공공 데이터베이스에서 나온 사용자 리뷰와 교육 통계의 조합에 따라 순위를 매긴다. 1960년에 설립된 오클랜드의 대학 예비 학교(College Preparatory School)은 《포브스(Forbes)》의 2010년 순위에 따라 스탠포드 대학, MIT 또는 아이비리그에 약 29%의 졸업생을 입학시켰다. 이 잡지는 대학 예비 학교를 미국 최고의 17번째 사립 고등학교로 선정했다. 연 수업료는 2010년에서 2011년까지 약 30% 증가한 40,310달러이다. 샌프란시스코에 위치한 두 개의 학교도 니체의 상위 10위 목록에 들었는데 릭월머딩 고등학교와 샌프란시스코 대학 고등학교다. 니체가 꼽은 샌프란시스코 베이 지역의 10대 사립 고등학교는 다음과 같다.

1. 대학 예비 학교 - 오클랜드, 캘리포니아
2. 하커 스쿨 - 캘리포니아 주 산호세
3. 스탠퍼드 온라인 고등학교 - 스탠퍼드, 캘리포니아
4. 카스티예하 학교 - 팔로 알토, 캘리포니아

5. 브랜슨 스쿨 - 로스, 캘리포니아

6. 크리스탈 스프링스 고지대 학교 - 힐스 버러, 캘리포니아

7. 멘로 스쿨 - 애서튼, 캘리포니아

8. 릭 윌머딩 고등학교 - 샌프란시스코, 캘리포니아

9. 샌프란시스코 대학 고등학교 - 샌프란시스코, 캘리포니아

10. 헤드로이스 고등학교 - 오클랜드, 캘리포니아

한번은 오클랜드 헤드로이스 고등학교에 다니는(헤드로이스는 유치원
부터 고등학교까지 있다) 자녀를 둔 지인에게 학비에 관해서 물어본 일
이 있다. 학비 외에 기부금을 위시해서 매번 행사(강당을 수리한다, 교육
용 컴퓨터를 교체한다, 수영장을 새로 짓는다 등) 때마다 그냥 지나칠 수 없
다고 했다. 1년에 1십만 달러가 든다고 했다.

샌프란시스코 지역
우수 대학

샌프란시스코 지역의 대학 소개를 빼놓을 수 없다. 한국인들은 늘 최고를 선호하므로 최고의 대학만 선정했다.

팁으로 나의 조카 이야기를 소개한다면 UC Berkeley 토목과에 입학해서 4년 만에 졸업했다. 졸업하기 전에 하는 말이 여자 친구는 2년제 커뮤니티 대학(초급 대학)을 졸업하고 버클리 대학에 편입했단다.

친구는 학부 과정 성적이 좋아서 대학원으로 진학하는데 자신은 2학년 때 C 학점 받은 기록이 있어서 대학원에 못 가게 됐다고 아쉬워했다. 미국인들은 자녀가 공부를 잘해도 곧바로 버클리 대학에 입학시키지 않고 초급 대학에서 쉽게 좋은 성적을 받은 다음 버클리 대학으로 편입학한다.

버클리 대학은 입학생의 20~25%를 1, 2학년에서 낙제시키고 초급 대학에서 우수 학생으로 편입시키는 제도를 택하고 있다. 그러므로 버클리 대학의 주니어 학년에서 좋은 성적을 받기는 매우 어렵다. 스탠포드 대학은 사립대학이어서 등록금이 매우 비싸다. 학교는 우수 학생을 뽑아 장학금을 받도록 연결해 주는 역할도 한다.

일단 입학만 하면 졸업은 문제가 되지 않는다. 사립대학은 99% 졸업시킨다.

- **UC 버클리 대학**(UC Berkeley, University of California, Berkeley)
  버클리 대학은 14개 단과대학으로 구성되어 있으며 130개 학과와 각종 프로그램과 UC Berkeley Extension이 있다. 대학은 학부생과 대학원생이며 졸업이 일반적이지만 일부는 학부 전공 과정을 제공하기도 한다.
  버클리 대학은 106개의 학사 학위, 88개의 석사 학위, 97개의 연구 중심 박사 과정 및 31개의 전문적으로 집중된 대학원 학위를 제공한다. 대학은 2013~2014년에 7,565명의 학사, 2,610명의 석사 또는 전문직 및 930명의 박사 학위를 수여했다.
  버클리는 종종 세계에서 상위 10위권의 대학이자 미국 최고의 공립 대학으로 선정된다. 그뿐만 아니라 노벨상 수상자와 억만 장자를 배출하는 최고의 공립 대학이다. 2017~2018년 세계 대학 순위 (ARWU)에서는 버클리 대학이 세계 5위를 차지했다. 버클리는 QS(Quacquarelli Symonds) 세계 대학 순위에서 국제적으로 27위를 차지했고, 《유에스 뉴스 앤드 월드 리포트(US News and World Report)》에서 국제적 대학 순위 4위를 차지했다. 타임즈 고등 교육(Times Higher Education) 세계 평판 순위에서는 세계에서 6번째로 유명한 대하으로 선정되었디.

- **스탠포드 대학**(Stanford University)
  2018년 현재 스탠포드 대학은 7개의 학술 학교로 조직되어 있다. 인문 과학 학교(27개 학과), 공학(9개 학과), 지구, 에너지 및 환경 과학(4개 학과)은 대학원 및 학부 과정을 모두 가지고 있다. 법, 의학, 교육 및 비즈니스 학교는 대학원 프로그램만 가지고 있다.
  스탠포드는 보통 9월 말에 시작하여 6월 초에 끝나는 가을 학기와 4분의

시스템을 따른다. 학부는 풀타임 4년제 프로그램이며 대학원생은 예술 및 과학 분야에 초점을 두고 있다.

풀타임 학부 수업료는 2013~2014년 42,690달러였다. 스탠포드의 입학 과정에서 미국 시민과 영주권자에게는 여러 경로의 장학금이 열려 있다. 학생의 80%는 재정 지원을 받는다. 2015년에 입학한 학부생의 경우 스탠포드는 소득이 65,000달러 미만인 가정의 자녀에게는 수업료와 방 및 그 외의 필요한 것을 제공하였다. 125,000달러 미만의 소득을 가진 대부분의 가정은 수업료를 지불할 필요가 없다. 최대 15만 달러의 소득을 가진 사람들은 학비가 현저히 감소할 수 있다. 17%의 학생들이 펠 그란트 (Pell Grant, 연방 정부의 무상 장학금)를 받는다.

유학생의 경우 64%는 재정적 원조를 받는다. 평균 원조 패키지는 31,411달러이다. 2012~2013년에 대학은 3,485명의 학생에게 필요 기반 재정 지원으로 1억 2천6백만 달러를 수여했으며 평균 원조 패키지는 40,460달러였다.

Part 02

현지인이 알려 주는
샌프란시스코의 축제

자랑스러운 샌프란시스코
게이 퍼레이드와 축제

　매년 6월 27일은 게이 프리덤 데이(Gay Freedom Day)다. 같은 주의 주말인 토요일과 일요일에 축제와 퍼레이드가 진행된다.

　축제에는 음악, 미식가 음식, 그리고 300개가 넘는 부스(Booth)가 포함되어 있다. 게이 퍼레이드와 축제는 샌프란시스코의 자존심이며 세계에서 가장 큰 성소수자 모임 중 하나이다.

　매년 주제를 정해 놓고 주제에 걸맞는 퍼레이드를 펼치는데 2018년의 주제는 '강도의 발전'이었다. 인기 있고 화려한 자랑스러운 퍼레이드는 6월 24일 일요일에 열렸다. 마켓 스트리트 초입에서 오전 10시 30분에 시작되었다.

전 세계에서 몰려온 1백5십만 명 인파가 거리에서 퍼레이드를 지켜보고 환영한다. 어느 직장이나 동성 커플이 있기 마련이어서 경찰, 보안관 동성 커플도 퍼레이드에 참석했다.

동성 결혼이 합법화된 이후로 매년 수백 커플이 샌프란시스코 시청에서 결혼식을 올린다. 동성애자들이 전 미국 각지에서 결혼식을 올리려고 샌프란시스코로 몰려온다. 심지어 세계 각국에서 오기도 한다. 호텔과 관광이 덩달아 호황을 누릴 뿐만 아니라 세수도 늘어난다.

Pink triangle

트윈 피크의 거대한 분홍색 삼각형 깃발은 축제가 시작되기 전에 지역 사회 자원 봉사자들이 설치한다. 1933년부터 나치 독일의 강제 수용소에서 박해를 받고 살해된 동성애자 희생자들을 기념하는 행사이다. 오늘날 성소수자 공동체의 중요한 상징은 우리가 전 세계의 동성애 공포증과 비인간적인 대우에 맞서 '싸우는' 네 얼마나 멀리 왔는지를 보여 주고 있다.

깃발은 토요일 오전 7시에 설치되어 일요일 오후 4시 30분에 철거될 것이다. 핑크 삼각 깃발은 주말 내내 설치되어 있어서 축제 분위기를 더욱 고조시킨다.

Pink triangle

축제 행사

시민 센터에서의 축하 행사는 토요일에는 정오에 시작되어 오후 6시까지 계속된다. 일요일에는 축제가 오전 11시에 시작하여 오후 6시까지 진행된다. 200명이 넘는 퍼레이드 파견단과 300명의 전시자 외에도 지역 음악가, 댄서 및 기타 연예인과 함께 거리 전역에 20개가 넘는 커뮤니티 운영 부대와 장소가 마련된다. 이벤트의 핵심은 포크 스트리트의 시청 계단 하단에 있는 메인 스테이지 주변에 설정된다.

퍼레이드 세부 정보 및 경로

퍼레이드는 오전 10시 30분에 마켓 앤 빌 스트리트(Market and Beale Streets) 코너에서 시작된다. 마켓 스트리트를 따라 행진하여 샌프란시스코 다운타운의 8번가와 마켓에서 끝낸다.

퍼레이드를 보려면 가능한 빨리 퍼레이드가 지나가는 도로변에 자리 잡고 기다려야 한다. 퍼레이드가 시작되면 군중이 도로변을 메우고 있어서 아무것도 볼 수 없다.

돈을 미리 받고 자리를 제공해 주는 곳도 있다. 7번가와 8번가 사이의 마켓 퍼레이드가 끝나는 지점에 좌석이 있다.

재팬타운
벚꽃 페스티벌

샌프란시스코의 재팬타운에서 매년 열리는 가장 큰 행사 중 하나는 벚꽃 축제(Cherry Blossom Festival)이다. 벚꽃이 피는 때 열리는 일본 문화 축제이다.

주말에 열리는 행사 기간 동안, 전통적인 일본 음식을 맛볼 수 있고 일본 음악을 들을 수 있으며 일본 민속 무용수를 볼 수 있다. 또한 타이코(태고, Taiko) 드러머들의 이야기를 듣고 고대의 차(Tea) 의식에 대해 배울 기회를 얻을 수 있다.

축제 기간은 매년 4월 중순 4일간이다. 마지막 날은 일요일로 정하는데 피날레도 퍼레이드가 열린다. 축제를 보는 인파가 20만 명에 가깝다.

타이코 드러머들의 드럼 연기가 있고, 일본인들의 토속 신앙인 여러 개의 화려한 미코시 가마 행렬이 "여이샤, 여이샤" 하면서 "행복은 들어오고

불행은 나가라" 외치며 지나간다. 타루 미코시(Taru Mikoshi) 가마 행렬은 정종(사케) 회사의 발전을 기원하는 것이었는데, 이 행렬이 피날레를 장식했다. 모두 삭발을 하고 훈도시(일본 성인 남성이 입는 전통 속옷)만 찬 가마꾼들의 행렬이다.

외국인들도 다 함께 타루 미코시 가마를 메고 "여이샤, 여이샤"를 외친다. 중국인 리랜 왕 씨의 말을 들어 보면 그들은 타루 미코시를 메기 위해 아침 10시에 교토 호텔에 간다고 한다. 거기서 등록한 뒤 지급해 주는 장비를 들고 옆방으로 들어가 옷을 다 벗고 흰 천을 배에 두르고 훈도시 대신 몸에 착 달라붙는 짧은 내의로 갈아입는단다.

가마를 메면 가정에 안녕이 온다는 믿음이 있다. 가마를 메고 가는 내내 여기저기서 사케 대신 물을 끼얹는다. 오후 4시가 다 돼서 끝나면 가부키 목욕탕에서 샤워하고 호텔로 돌아와 도시락을 먹는다.

선진국들이 그러하듯이 일본도 지난 반세기 동안 미국으로 이민 오는 사람이 없다. 3세, 4세들로는 재팬타운이 이어질 수 없는 지경이다. 재팬타운의 가게는 거의 다 한국인이 운영하는 실정이다. 벚꽃 축제도 예외는 아니다. 타민족들의 도움 없이는 축제가 불가능하다.

이름만 재팬타운의 벚꽃 축제이지 지금은 모두의 축제인 것이다.

샌프란시스코
함대 주간 행사

1981년 이래 함대 주간 행사(Fleet Week)는 하나의 전통 행사로 자리 잡았다. 샌프란시스코에서 가장 기대되는 가을 행사다. 1백만 명의 관중이 지켜보는 가운데 매년 미 해군 블루 엔젤스를 포함한 화려한 공중 쇼와 함께 펼쳐지는 미 해군 함대 퍼레이드에 경외감을 느끼지 않을 수 없다.

함대 주간 행사는 매년 10월 콜럼버스 데이가 속한 주말에 벌어진다. 목요일에 시작해서 다음 주 월요일에 끝맺는다. 첫날은 오후에 블루 엔젤스의 연습 비행이 있다. 금요일 오전에는 캐나다, 미국 해군 함정의 퍼레이드가 있고 오후에는 에어쇼 연습이 있다. 토, 일은 12시부터 팀 오라클(Team Oracle) 에어쇼가 있고, 3시부터 블루 엔젤스 공에가 벌어진다. 토, 일, 월 3일 동안 함선 무료 투어가 진행된다.

퍼레이드를 마친 여러 미국과 캐나다 해군 함선의 무료 투어는 27 및 30~32 부두에 정박한 함선에서 진행된다. 개방되는 함선에는 전통적으로 구축함, 호위함 및 해안 경비정이 포함된다.

기억할 점은, 7세 미만 어린이와 백팩을 멘 사람은 함선에 오를 수 없다는 점이다.

블루 엔젤스 에어쇼

블루 엔젤스 팀은 의심할 여지없이 샌프란시스코 함대 주간의 메인 이벤트다. 관중을 긴장시키는 숨 막히는 멋진 공중 곡예를 특징으로 한다. 에어로바틱 기동에는 블루 엔젤스의 다이아몬드 형성과 6제트 델타 형성, 샌프란시스코 만 위의 개인 조종사의 현기증 나는 솔로 공연이 포함된다.

민감한 청력을 가진 사람들은 블루 엔젤스 제트 엔진의 소음을 차단하기 위해 귀마개를 착용하는 것이 좋다.

블루 엔젤스는 1946년 창설 이래로 미 해군 항공의 힘과 공예를 보여 주며 이를 미국 및 해외의 관객에게 미 해군 및 해병대를 널리 알리는 계기로 삼고 있다. 전 미국을 돌면서 시범을 보이는데 샌프란시스코 공연은 1981년부터 시작됐다. 73회를 거듭하면서 블루 엔젤스의 공예와 우수한 문화가 팬들로 하여금 하늘을 나는 꿈을 갖도록 동기 부여도 하고 있다. 미 해군 항공의 107년 역사를 통해서 수많은 비행사들이 기교와 기법을 연마하고 익혀 왔으며 비행에 대한 그들의 공헌을 통해서 혁신적인 비행 시연이 존재할 수 있는 토대를 마련한 것이다.

블루 엔젤스는 팀워크의 중요성을 이해하고 포용하며 매일 비행 시범을 통해 미 해군 및 해병대의 자부심, 전문성 및 정밀도를 입증하는 계기로 삼는다.

블루 엔젤스 공연에는 붉은 연기를 뿜으며 금문교 다리 밑으로 비행하는 아슬아슬한 장면도 포함된다.

블루 엔젤스 에어쇼는 오후 3시부터 4시까지 1시간 동안 진행된다. 블루 엔젤스 공연에 앞서 팀 오라클이 곡예비행 쇼를 한다. 팀 오라클은 40년 전통을 이어온 곡예비행 프로들이다. 조종사들은 프로 정신과 스킬, 팀워크로 무장했다. 비행기는 직접 만든 비행기이다. 400마력이 넘는 엔진에다가 무게가 1,200파운드가 넘어야 한다. 속력은 시간당 300마일이다.

샌프란시스코 피셔맨즈 워프나 부두 어디서라도 에어쇼를 볼 수 있다. 팀 오라클 쇼는 정오에 복엽기, 스턴트 조종사, 낙하산 연주자 및 기타 공중 공연자로 시작한다. 가장 좋은 명소는 샌프란시스코 북쪽 해안가이다. 북쪽에서 보면 에어쇼와 샌프란시스코 시가 함께 보인다.

에어쇼에 투입된 제트기는 빠른 속도로 굉음을 내며 날아 박진감이 넘친다. 비행 팀들은 일 년 내내 미국 전역과 유럽으로 에어쇼를 다닌다. 이동할 때는 제트기를 분해해서 트럭이나 기차 또는 배에 싣고 다닌다.

에어쇼에 처음 출동한 해군 중령 존 크랏(John Klatt)은 이라크 전에 참전했던 베테랑이다. 존 중령은 다음과 같이 말한다. "내가 조종하게 될 전투기는 곡예비행을 하기 위하여 특별히 제작된 전투기이다. 부품 하나하나 손으로 제작해서 극한 상황에서도 견딜 수 있게 되어 있고 극저공 비행에서도 이상이 발생하지 않게끔 만들었다. 내가 해야 하는 에어쇼는 오클랜드 공항을 이륙한 다음 바로 알카트라즈(Alcatraz) 섬에서 수직 상승하는 것이다. 1220m 상공에 닿으면 급회

전해서 다시 하강하여 바다 표면 150m까지 접근했다가 기수를 올려야 한다. 곡예비행을 연속적으로 21번을 해야 하는데 좌에서 우로 회전하면서 수직상승하던 기체를 후진시켜야 한다.

지구를 흔들 것 같은 요란한 굉음에 흥분해서 바라보면 이미 기체는 없다. 사람을 놀라게 하고 달아난 제트기가 매혹적이다.

세계에서 하나밖에 없는 희한한 축제
폴섬 스트리트 페어

홀딱 벗고 다니는 게 하나도 이상한 게 아닌 축제, 오늘 하루는 다 벗고 다녀도 위법이 아닌 축제, 이게 '폴섬 스트리트 페어(FSF)'이다.

폴섬 스트리트 페어는 9월에 열리는 BDSM(뒤틀린 성애를 뜻하는 Bondage, Discipline, Sadism, Masochism의 약자)과 가죽 하위문화 거리 박람회로 샌프란시스코의 리더 프라이드 위크를 장식하고 있다. 폴섬 스트리트 페어는 샌프란시스코의 사우스 오브 마켓(South of Market)

지구에 있는 8번가와 13번가 사이의 폴섬 스트리트(Folsom St.)에서 열린다. 이 축제는 1984년에 시작되어 캘리포니아에서 세 번째로 큰 일일 야외 관중 이벤트이며 BDSM 제품 및 문화를 위한 세계 최대의 가죽 이벤트

및 쇼케이스이다.

폴섬 스트리트 페어는 미국에서 가장 대담하고 충동적인 이벤트 중 하나다. 이 축제에는 가죽 애호가, 페티쉬(Fetish: 성적 대상물) 플레이어 및 꿈의 페티쉬 장비와 장난감을 선보이는 전시 업체들로 가득 차 있다. 이 축제는 가장 소름 끼치고 뒤틀린 공연을 특징으로 하는 에로틱한 예술가의 영역이기도 하다.

폴섬 지역 활동가들은 1970년대 내내 샌프란시스코 시에서 주도하는 남부 지역에 대한 도시의 야심 찬 재개발 프로그램에 저항하는 데 적극적으로 나섰다.

샌프란시스코 시 당국자들은 저개발 지역이면서 역사적으로 노동자와 소외받는 사람들이 모여 사는 창고 지역, 산업 지구를 '활성화'하고 싶어 했다. 1980년대에 에이즈 전염병이 전개됨에 따라 시청에서 지역 자율성을 통제하고 약화시켰다. 시민의 건강을 지킨다는 명목으로 대중목욕탕을 폐쇄하고 술집을 규제해 나갔다. 가죽 공동체를 위한 시설이 급속히 폐쇄됨에 따라 지역 사회 활동가들이 이에 맞서 거리 박람회를 시작하기로 결정했다. 박람회는 지역 사회의 가시성을 높이고, 필요한 기금 모금 수단을 제공하고, 가죽 공동체 구성원이 목욕탕과 바가 배포할 수 있는 서비스 및 중요한 정보(예를 들어 더 안전한 섹스와 관련하여)를 제공할 수 있는 기회를 창출시켜 나갔다.

페티쉬 기어와 장난감을 전시하는 200개가 넘는 전시 부스가 있는 폴섬 스트리트 페어는 세계에서 가장 큰 가죽 박람회를 즐길 수 있는 축제다.

가죽 축제(Leather Fair)라고 해서 일반적인 가죽 옷이 아니다. 가죽의 2차 문화, 즉 가죽이 상징하는 힘을 극대화 내지는 과장하는 것이다. 게이나 레즈비언 또는 양성자들이 자신의 성적 능력을 과시할 때 가죽 띠나 가죽 제품을 몸에 두르고 힘을 과장한다. 특히 검은색 가죽옷은 터프한 이미지로 오토바이족, 자유를 갈망하는, 독립적이고 자유분방한 성생활을 상징한다.

9월의 어느 일요일은 폴섬 거리가 옷 벗은 인파 또는 알몸인 사람들로 가득 찬다. 250,000명이 모이는 성대한 축제인 것이다. 옷을 입고 있는 사람이 이상할 정도다. 아예 홀딱 벗고 가죽 띠를 두르든가 아니면 웃통이라도 벗어야 대중과 어울릴 수 있다. 검은색 가죽 모자, 가죽 멜빵, 가죽 채찍을 파는 부스가 많다.

세상에는 학대를 받아야 만족하는 사람도 있어서 채찍으로 잔등이며 볼기를 맞아 벌겋게 핏자국이 나도록 얻어맞으며 서 있는 사람들. 가죽 바지에 가죽 띠를 가슴에 두른 사람들이 줄을 서서 기다린다. 채찍으로 얻어맞을 차례가 오기를 기다리는 사람이다. 개 줄을 목에 매고 여자에게 끌려 다니면서 학대당하며 행복해하는 사람도 있다.

축제 특징 중의 하나는 누구나 사진 찍을 수 있다는 것과 기꺼이 응해 준다는 사실이다. 발가벗은 남자는 수없이 많으나 발가벗은 여자는 거의 찾아보기 힘들다. 여자들은 대부분 부분 노출이다. 그들 모두 정면에서 사진 찍히는 것을 마다하지 않는다는 점이 특이하다.

사람들은 거의 다 카메라를 들고 다닌다.

악마 뿔도 파는데 남녀 가릴 것 없이 뿔을 이마나 머리에 붙이고 다니는 사람도 많았다.

카니발 샌프란시스코

　라틴 아메리카 사람들과 카리브 사람들의 예술과 전통, 문화를 보여주는 카니발이다. 브라질, 볼리비아, 쿠바, 트리니다드 토바고 지역의 토착 문화를 함축적으로 축하하는 축제다. 축제는 5월 마지막 주말에 이틀 동안 지속된다. 첫째 날 토요일에는 전통 음식, 전문 음악, 춤을 제공한다. 둘째 날 일요일에는 그랜드 퍼레이드가 펼쳐진다. 공연자들은 반짝이는 깃털과 깃털로 장식된 전형적인 옷을 입고 퍼레이드에 참석하며 퍼레이드에서 뽑힌 왕과 여왕은 가장 아름답고 이국적인 멋을 풍긴다. 이미 40회를 넘겼으니까 전통 있는 축제이다.

　하이라이트인 퍼레이드는 아침 9시 30분부터 오후 2시까지 지속된다. 퍼레이드에는 30여 개의 다른 그룹이 음악과 춤으로 자기 나라의 전통 문화를 자랑한다.

　퍼레이드는 미션 스트리트(Mission St.)에서 벌어지는데 세븐틴스 스트리트(17th St.)와 트웬티포 스트리트(24th St.) 사이에서 보는 게 가장 좋다.

브라질 미녀들이 삼바를 추고 있으니 볼거리도 많다. TV 앵커가 주문하는 대로 즉석에서 삼바 댄스를 추어 보여 주고 앵커에게 따라 하라면서 가르쳐 준다. 음악과 전통 의상을 입은 미녀들이 음악과 댄스를 보여 주고 가벼운 농담을 건네기에 지루할 시간이 없다. 반드시 미녀만 참석하는 것은 아니다. 노인 미녀들도, 어여쁜 어린이도 심지어 임산부도 막달인 배를 자랑스럽게 내밀고 퍼레이드를 한다.

불같은 중남미 미녀들의 불꽃 튀는 축제다.

카스트로 거리 축제

매년 10월 첫 번째 일요일에 11시부터 오후 6시끼지 카스트로 스트리트(Castro St.)에서 축제가 열린다. 무대에서는 유명 가수의 노래가 온종일 흘러나온다. 장마당보다 북적대는 축제다운 축제다.

카스트로 스트리트는 게이들의 명동 같은 거리다. 거리를 메운 사람들의 거의 다가 게이처럼 보인다. 게이라고 해도 모두 점잖게 차려입었고 행동도 난잡하지 않다.

상품들도 게이들처럼 분위기를 중요시하는 사람들이 좋아할 물건들이어서 인기가 좋아 보였다. 특히 마스크가 잘 팔린다. 마스크의 종류가 다양하고 매우 신선한 느낌을 주는 마스크들이다.

자원봉사로 나선 사람들이 게이 아니면 레즈비언이다. 그들은 하나같이 범죄 퇴치와 차별 금지 캠페인을 벌이고 있다.

게이들에게 애완동물은 자식과 같은 존재이다. 애완동물 용품들이 인기가 높은 것으로 알 수 있다. 입양을 하자는 캠페인이 보기에 좋았다.

B형 간염 예방접종을 맞자는 캠페인도 있었다. 군데군데서 모금 활동을 벌이고 있는데 모두 게이 발전 기금으로 쓰인다고 한다. 게이들은 게이라는 이름 때문에 똘똘 뭉쳐 일하는 것처럼 보인다.

동서고금을 막론하고 미래를 궁금해하는 심산은 마찬가지인 모양이다. 타로 카드 점을 보려고 줄을 서서 기다린다. 그냥 재미로 보는 게 아니라 진지하게 인생 상담을 하는 것이다.

많은 사람들이 점심을 먹고 술을 마시고 법석을 떨지만 거리에 쓰레기 한 점 떨어진 게 없다. 쓰레기는 모두 분리수거통에 넣는다. 보통 게이들이 일반인보다 더 깨끗하고 질서를 잘 지키기는 하지만, 축제를 위한 사전 교육을 받지 않았나 의심스러울 정도로 이미지 개선을 위해 엄청 노력하는 모습이 보인다.

기라델리 스퀘어
초콜릿 페스티벌

카라스 컵케이크스(Kara's Cupcakes) 전문점에서 만든 초코 컵케이크다. 엄지손가락과 비교하면 컵케이크가 얼마나 작은지 알 수 있다. 달콤하면서 초콜릿 맛이 난다.

기라델리 초콜릿 페스티벌은 매년 9월에 샌프란시스코 피셔맨즈 워프에 있는 유명한 기라델리 광장에서 열린다. 토일 양일간 열리는 데 초콜릿을 사랑하는 사람들이 전 세계에서 몰려온다.

가족적이고 친화적인 이벤트에 이 지역 요리사들이 참석해서 초콜릿을 감미한 요리를 직접 만들어 보여 주기도 한다. 40여 개의 색다른 부스에 초콜릿 계통의 깔끔한 먹을거리와 선물 공세에 시달리기도 한다. 초콜릿 축제의 가장 큰 손님인 어린이를 위한 이벤트로 아이스크림 빨리 먹기 대회도 열린다. 수익금은 에이즈 퇴치에 사용된다.

기라델리는 이탈리아에서 이민 온 사람이다. 20세에 이민을 떠나 남미로 갔다가 캘리포니아에서 금이 발견됐다는 소리를 듣고 샌프란시스코로 온 49er[1]들 중의 한 사람이다. 기라델리는 금을 찾아 헤매 다니기보다는 경험을 토대로 밀려오는 49er들을 상대로 장사를 시작했다. 1852년 상점을 열면서 자신의 이름을 딴 '기라델리 회사'라는 간판을 걸었다. 남미에서 코코아를 수입해다가 초콜릿을 만들어 팔던 중에 혁신적인 개발에 성공했다. The Broma Process라고 불리는 새로운 방법은 코코아를 자루에 넣어 후끈후끈한 방에 매달아 두는 것인데, 이렇게 하면 코코아 버터는 다 녹아내리고 순수한 '그라운드 코코아'만 남는다. 그라운드 코코아를 가루로 만들면 코코아 파우더가 되며 우유 한 컵에 코코아 파우더 한 스푼을 넣어 휘저으면 초코밀크가 된다.

1886년 69세였던 기라델리는 회사가 크게 성공한 다음 세 아들에게 물려주고 자신은 이탈리아 고향으로 돌아갔다. 고향에서 8년을 더 살다가 77세에 사망했다.

40여 개의 부스가 줄지어 있는데 20달러를 주고 '초콜릿 맛보기' 티켓을 사면 15곳에서 맛을 볼 수 있다. 티켓을 사면 책자로 된 티켓과 종이 가방을 준다. 종이 가방에는 샘플만 담아도 초콜릿이 가득이다.

---

1) 1849년에 금을 찾아 샌프란시스코로 몰려든 사람들을 일컫는 말이다.

이날의 하이라이트 어린이 아이스크림 먹기 대회가 열렸다. 세 그룹으로 나눠 대회를 치르는데 5~8세, 9~12세, 13~16세 그룹이다. 6명 아이가 횡대로 테이블에 앉아 종이 접시에 아이스크림 두 사발을 엎어 담았다. 손은 테이블 밑으로 내리고 입으로만 먹어야 한다. 아이보다도 엄마가 더 열이 나서 응원하느라고 정신이 없다. 소리소리 지르고 빨리 먹으라고 야단이다. 아이도 흥분해서 코를 박고 고개를 들 생각도 하지 않는다. 긴장한 얼굴로 판정을 기다리는 아이들의 모습이 진지하다.

각종 페스티벌

• **재팬 필름 페스티벌 오브 샌프란시스코(Japan Film Festival of San Francisco)**

매년 9월 1일부터 10일까지 9일간 열린다. 장소는 1746 포스트 스트리트(1746 Post St.) the New People 빌딩 지하다.

상영 극장은 the New People Cinema in Japan town이며 좌석이 143석에 불과하다.

하루에 영화 한 편씩만 상영하며 표는 온라인을 이용하면 예매 가능하다. 시작 직전에 문에서 구입할 수도 있다. 극영화와 일반 영화, 다큐멘터리, 만화 영화가 있다.

• **샌프란시스코 국제 단편영화 페스티벌**

매년 10월 18일부터 20일까지 미션 스트리트(Mission St.)에 있는 록시 극장(Roxie Theater)에서 열린다. 전세계에서 출품된 단편으로 매 주제마다 다섯에서 여섯 편을 상영한다. '신분의 정체성', '분계선', '인생 역정', '신체적 변형' 등 다양하고 중요한 주제를 다루고 있다. 사람과 사람 사이의 관계, 세계와의 관계, 우주와의 관계, 과거 현재 미래와의 관계를 다루기도 한다. 각 단편마다 진지하게 생각하는 계기가 되기도 하고 타인의 고초를 심각하게 주시하는 시간이 되기도 한다.

• **포크 스트리트 블루스 페스티벌(Polk St. Blues Festival)**

캘리포니아 스트리트(California St.)와 서터 스트리트(Sutter St.) 사이 포크 스트리트(Polk St.)에서 매년 8월에 열린다. 2018년은 8월 18일, 19일 양일간 열렸다.

라이브 뮤직이 있고 다양한 음식과 생맥주 그리고 와인 시음이 있다. 10시부터 6시까지이며 하루에 1시간 30분씩 세 차례(12시, 2시, 4시) 공연한다. 온종일 음악이 연주되고 있는 셈이다. 이틀간 도합 6번 연주하는 데 각기 다른 연주자가 등장한다. 누가 연주하는지에 대한 스케줄이 온라인에 나와 있다.

• **아웃사이드 랜드 페스티벌 인 샌프란시스코(Outside Lands Festival in San Francisco)**

가장 많이 알려졌고 가장 기대되는 페스티벌이다.

매년 8월에 열리며 금, 토, 일 3일간 생음악과 맥주, 와인 그리고 춤을 즐길 수 있다. 2018년에는 8월 10~12일, 금문교 공원 서쪽 바다가 보이는 곳에서 열렸다. 이름만 들어도 알 수 있는 위켄드(The Weeknd), 플로렌스 앤 더 머신(Florence & the Machine), 자넷 잭슨(Janet Jackson), 퓨처(Future), 벡(Beck), 오데자(Odesza), 본 이베어(Bon Iver) 등 70여 개 밴드가 공연한다. 오전 12시부터 밤 10시까지 공연이 이어진다. 먹고 마시고 즐기자 판이다. 티켓은 온라인에서 구입할 수 있다.

Part 03

현지인이 알려 주는
샌프란시스코의 골목 명소

샌프란시스코의 새로운 명소
모라가 스텝스

　세상에서 가장 아름다운 층계 모라가 스텝스(Moraga Steps)는 모라가 스트리트와 식스틴스 애비뉴(Moraga St. & 16th Ave.)에 위치해 있다. 식스틴스 애비뉴(16th Ave.)에서 피프틴스 애비뉴(15th Ave.)로 올라가는 층계이다. 163 계단을 수작업으로 만든 모자이크 타일로 만든 층계다. 2005년 골든 게이트 피크(Golden Gate Peak) 주민 220가구가 기금을 각출하고, 아티스트 콜레트 클러처와 에일린 바(Colette Crutcher & Alleen Barr)가 디자인했다. 나머지 일들은 자원봉사자들이 힘을 합쳐 세상에서 가장 아름다운 층계를 탄생시킨 것이다. 주민들이 샌프란시스코를 얼마나 사랑하고 아끼는지 층계를 보면 알 수 있다. 시에서 보조금도 없이 주민들 자력으로 견고하고 빈틈 하나 없는 층계를 그것도 8도 지진에도 견딜 수 있게 제작했다는 건 정말 놀랍다. 주민들의 뛰어난 예술적 감각이 알려지면서 관광객들이 모여든다. 보는 사람마다 기대 이상으로 아름답다며 찬사를 아끼지 않고 사진을 찍어 댄다. 층계 맨 위에서 내려다보면 선셋 지역과 그 너머 태평양이 한눈에 보인다.

각 층계마다 기금을 낸 사람들의 이름, 사랑하는 자식의 이름, 돌아가신 부모님의 이름을 수작업으로 모자이크에 새겨 놓았다.

모라가 스텝스 맨 꼭대기에 오르면 올려다 보이는 그랜뷰 공원이 있다. 공원 역시 스텝으로 되어 있는데 공원에서 내려다보이는 샌프란시스코 경관이 장관이다.

유령 출현으로 유명한 집,
모스 비치 밀조장

◯ Insider's **Tip** ┄┄┄

모스 비치 밀조장(Moss Beach Distillery)은 역사적 랜드 마크이고 모스 비치 흉가 (Haunted House of Moss Beach)는 상업 장소다. 혼동하지 말기를 바란다.

┄┄

어느 나라나 귀신, 유령 이야기는 존재하기 마련이다. 귀신(鬼神)을 서양에서는 유령(幽靈: 그윽할 유 신령 령, Ghost)이라 말한다. 주로 귀신 이야기는 불행하게 살다가 억울하게 죽은 힘없는 여자가 주인공이 된 다. 귀신은 글자 그대로 신(神)이어서 초자연적인 힘을 지닌다. 떠서

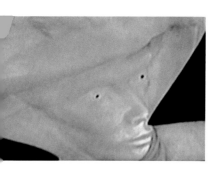

다니는 것이 그 예이다. 귀신이나 유령 은 때때로 살아 있는 사람의 모습이나 죽은 사람의 희미한 형체, 또는 그밖에 다른 형태를 빌려 나타난다.

샌프란시스코에서 1번 고속도로를 타 고 남쪽으로 30여 분 달리다 보면 규모 가 작은 모스 비치(Moss Beach)가 나온

다. 1번 고속도로는 태평양 연안을 따라 달리는 길이어서 경관이 수려한 해변이 여럿 있는데 모스 비치도 그중 하나다. 모스 비치는 늘 안개에 덮여 있는가 하면 태평양에서 불어오는 질 좋은 공기가 맑고 신선한 면도 있다.

모스 비치 시는 당연히 비치를 끼고 있는 시골의 작은 도시다. 인구가 3,000여 명에 불과하다. 1900년대 초만 해도 모스 비치 시는 샌프란시스코에서 멀리 떨어진 시골이었다.

당시, 경찰의 단속을 피해 모스 비치에서 위스키를 만드는 밀조장(Moonshine)이 많았다.

모스 비치와 태평양이 한눈에 들어오는 경치가 뛰어난 언덕에 당시로는 거대한 저택을 지었다. 그 저택을 1926년 프랭크 토레스(Frank Torres)가 매입해서 레스토랑으로 꾸몄다. 조금 떨어진 옆에 지금은 주차장으로 쓰고 있는 자리에 호텔도 지었다. 모스 비치에서 위스키 밀조가 홍행하던 시절에는 레스토랑과 호텔도 덩달아 홍청댔다. 정치인들이며 영화 산업 종사자들이 단골로 들락거렸다.

그렇게 밀조장이 홍행하던 때, 한 여인이 해변에서 억울하게 살해당한 사건이 발생했다. 그런 일이 있은 다음, 파란 여인(The Blue Lady)의 유령을 레스토랑에서 보았다느니, 유령이 떠돌아다닌다는 소문이 퍼졌다.

파란 여인은 지금까지도 풀리지 않은 미스터리 사건으로 미국 전역에서 명성을 떨치고 있다. 지역 TV는 물론이려니와 히스토리 채널(History Channel), 디스커버리 채널(The Discovery Channel), 트래블 채널(The Travel Channel), 테크 TV(Tech TV) 등 여러 채널에서 단골로 다룬다.

역사적 랜드마크로 지정된 모스 비치 밀조장 레스토랑은 조용하고 아늑한 분위기에 안쪽에 작은 바(Bar)가 있어서 술도 팔고 연주도 하게 되어 있다. 파란 여자 귀신(The Blue Lady Ghost)가 나타난다는 소문이 끊이지 않고 퍼지자 역사학사들이 진실을 파헤치겠다고 나섰다.

1930년 초, 레스토랑에서 피아노를 치고 있는 남자 앞에 고상하게 생긴 젊은 여인이 매일 밤 나타났다. 두 사람은 자연스럽게 서로를 좋아하게 됐다. 사랑에 빠져들어 갔다. 남편과 별거 중인 젊은 여인은 레스토랑 옆에 있는 호텔에서 일하고 있었다. 언제나 여인은 밝은 파란색 옷을 입고 있어서 살아생전에 이미 파란 여인(Blue Lady)으로 불렸다.

어느 날 밤, 레스토랑 바에서 파란 여인과 피아노 맨이 로맨틱한 시간을 보내고 있었다. 여인은 푸른색 긴 드레스를 곱게 차려 입고 있었다. 공교롭게도 남편이 나타났다. 남편과 피아노 맨 사이에 언쟁이 벌어졌다. 두 사람은 비치로 내려갔고, 여인은 싸움을 말리려고 따라 내려갔다.

다음 날 아침, 여인의 푸른색 드레스는 비치에서 발견되었다. 나중에 찾아낸 여인의 시체에는 날카로운 칼자국이 있었다. 피아노 맨은 레스토랑 주인과 친척 관계였기에 심한 타박상을 입고도 계속해서 피아노를 쳤다. 그날 밤 이후, 남편은 어디로인가 영원히 사라져 버렸다.

그런 사건이 있고 난 뒤에도 피아노 맨은 밤마다 피아노 건반을 두드렸다. 그때부터 사랑하는 연인 곁에 머물고 싶어 하는 파란 여인의 혼령이 사람들 눈에 띄기 시작했다. 푸른색 드레스를 입은 여인이 비치를 걷는다는 소문이 떠돌았다. 여인의 모습이 레스토랑에도, 호텔에도 나타났다. 세월이 흐른 뒤에도 여인의 혼령인지 유령인지는 계속해서 푸른색 드레스를 입고 있었다. 레스토랑 여자 화장실에서, 바닷가 절벽에서도 나타났다.

계속해서 사람들 눈에 띄자 초심리학자 로이드 아우어바흐(Loyd Auerbach) 씨는 유령과 대화를 나누면서 자초지종을 밝혀 나갔다. 파란 여인은 의상이 현대에 맞게 바뀌어 나간다는 것을 알아냈고, 때로는 푸른색을 버리고 세련된 검은색을 입기도 한다는 사실을 밝혀냈다.

1970년 레스토랑에 비디오 장치를 설치해 놓고 파란 여인이 잡히기를 기다렸다. 놀라운 것은 유령, 즉 귀신은 사람보다 영리해서 자신의 모습은 찍히지 않고 램프나 술병, 술잔들이 이리저리 옮겨 다니게 했다는 점이다. 심지어 의자들도 제자리에 있지를 못하고 흩어졌다.

당시 발생했던 특이한 상황들 중에 몇 가지를 소개하면 다음과 같다.

• 사람이 없는 창고에서 술 상자들이 입구 문에 쌓이는 바람에 문을 열고 들어갈 수 없었다.
• 바(Bar)로 들어가는 문짝이 이상하게 스스로 열렸다 닫혔다 했다.
• 바 카운터 끝자락에 있는 램프가 손님 앞까지 왔다가 다시 제자리로 갔다.

- 세 사람이 보는 앞에서 의자가 붕 떠서 뒤집어졌다가 다시 돌아왔다.
- 전기등이 저절로 켜졌다가 꺼졌다가 했다.
- 유리잔이 공중에 떠 있다가 다시 제자리로 내려왔다.
- 레스토랑을 수리할 때 일꾼들이 배수와 전깃불을 고쳐 놓으면 고친 대로 있지를 않는다고 보고해 왔다.
- 부엌에서 일하는 남자 요리사들은 무엇인가 짚으려고 허리를 구부리면 누가 엉덩이를 꼬집거나 손바닥으로 탁 때린다고 했다.
- 어떤 때는 여러 개의 전화가 동시에 울린다. 전화국에 연락해 보면 아무도 전화 거는 사람은 없다고 한다.
- 한번은 방송국에서 나와 촬영하는데 프로듀서와 관계자들이 보는 앞에서 문밖의 페디오 의자들이 도미노처럼 일렬로 서기도 했다.

초심리학자 로이드 씨는 1991년 일본 TV 방송에서 취재할 때 해설을 맡기도 했으며 2005년에는 『Ghost Hunting in the New Millennium』이란 책도 출간했다. 로이드 씨의 말을 들어보면 '모스 비치 밀조장' 레스토랑에 유령이 있다는 사실은 의심의 여지가 없다고 한다. 파란 여자를 좀 더 명확히 하면, 진짜 이름은 케이트(Cayte)이고, 그녀는 스스로 생각하고 스스로 스케줄을 짠다고 한다. 로이드 씨는 그녀와 수시로 대화를 해서 이제는 유령도 매우 협조적이라고 했다.

유령인 그녀는 이렇게 말했다고 한다.

"연인의 팔에 안겨 숨졌다. 그리고 그를 기다리겠다고 약속했다. 지금도 기다리는 중이다."

나는 아버지날 딸이 점심을 사 주겠다고 하기에 혹시 유령을 볼지도 모른다는 기대와 함께 모스 비치 밀조장 레스토랑을 가자고 했다. 내가 딸을 사랑하는 만큼 딸도 나를 생각하고 있으니 딸이 아들보다 낫다는 말이 맞는 것 같다.

6월의 하늘은 쾌청해서 멀리 지평선이 선명하게 보였다. 태평양이 내다보이는 넓은 창가에 자리 잡았다. 점심시간이 지나서 그런지 손님은 별로 없었다. 레스토랑은 크지도 않고 작지도 않은 매우 적당한 사이즈다. 유령이 나타나 물건들을 이리저리 옮긴다는 바(Bar)가 오른편 깊숙한 곳에 별도로 있다. 몇 안 되는 손님들이었지만 유령의 출연을 기대하는 눈치가 역력했다. 파란 여인을 연상시키려는지 웨이트리스는 파란 복장을 하고 있었다.

메뉴판을 주는데 겉표지에 파란 여인이 그려져 있다. 먼저 칵테일로 오이스터 슈터(Oyster Shooter)를 시켰다. 보드카 원 샷에 소스를 묻힌 굴 하나를 넣어 준다.

점심으로 악마의 슬라이더(Devil's Sliders)를 시켰다. 〈슬라이더(Sliders)〉는 1995년부터 방영한 TV 쇼 제목이다. 세 편으로 방영됐는데 매 편마다 다른 이야기였다. 아닌 게 아니라 접시에 작은 햄버거세 개를 담았다. 하나는 베이컨과 체더 치즈 그리고 잭 치즈에 구운양파를 얹었으며, 그다음은 후추를 쳐서 구운 어린 오리고기를 얹었다. 빵은 서베다 빵(Subeda bread)을 사용하여 햄버거를 만들었다.

　80여 년이 지났지만 억울하게 죽은 파란 여인의 혼령은 저승에 가지 못하고 이승에서 연인을 기다리고 있다는 참으로 딱한 사연이다. 미국이나 한국이나 귀신은 연약한 여자가 많고 저승에 가지 못하고 구천을 헤매는 것도 유사하다.

북방 코끼리 바다표범
수컷들의 격투

샌프란시스코에서 1번 고속도로를 타고 남쪽으로 40분 정도 달리면 아노 누에보(Ano Nuevo) 공원이 나온다. 북방 코끼리 바다표범들의 서식지를 12월 15일부터 3월 31일까지 개방한다. 아노 누에보 공원은 예약 관광객만 받기 때문에 적어도 한 달 전에 예약해야 한다. 캘리포니아의 겨울철은 비가 오기 때문에 운이 좋아야 날씨 덕을 볼 수 있다.

가이드를 따라 나서면 관광 시간이 3시간 정도 걸린다. 바다표범들이 놀라지 않게 전화를 진동으로 바꿔야 하며 큰 소리를 내서는 안 된다. 담배나 음식도 안 되고 음료수도 물만 가능하다.

코끼리 바다표범은 몸무게가 3,000~4,000kg이나 되고 키가 5~6m나 된다. 코는 두껍고 딱딱해서 황소의 뿔과 같은 역할을 한다. 코를 내리쳐서

꽝하고 큰 소리를 냄으로써 상대 수놈에게 겁을 주기도 하고 싸울 때는 가슴을 막는 방패로도 쓴다. 상대가 가슴을 물려고 할 때 코로 받아 밀어내기도 한다.

북방 코끼리 바다표범의 진정한 모습은 수컷의 격투다. 격투를 해서 승리한 자만이 그 많은 암컷을 다 차지하는 것이다. 목에서 피가 흘러 처절한 몰골을 하고도 죽기 살기로 싸움을 계속한다. 목소리로도 상대를 제압해야 하니까 지르는 함성이 귀를 찌른다. 결국 바다로 밀어내지만 그것도 못 미더워 바다에 뛰어들어 물 위에서 치고받다 멀리 쫓아 버린다.

수컷의 수명은 14~16년이다. 암컷은 16~18년인데 1년에 새끼 한 마리만 낳는다. 암컷이 전 생애에 보통 14~16마리 새끼를 낳는다.

북방 코끼리 바다표범들이 몰려 있는 해변에는 가늠할 수 없으리만치 많은 바다표범들이 몰려 있는데 가만히 낮잠만 자고 있는 게 아니라 연신 몸에다가 모래를 끼얹고 있다.

몸의 체온을 낮추기 위해 차가운 모래를 끼얹고 있다. 오늘 이곳에서 쉬고 있는 바다표범의 숫자는 수컷 425마리, 암컷 1108마리, 새끼

443마리라고 한다.

캘리포니아 연안에는 북방 바다사자(Steller Sea Lion), 항구 바다표범(Harbor Seal), 캘리포니아 바다사자(California Sea Lion) 그리고 북방 코끼리 바다표범(The Northern Elephant Seal) 4종류의 바다 동물이 있다.

아노 누에보 비치에는 북방 코끼리 바다표범만 있다. 북방 코끼리 바다표범은 북미 연안을 따라 알래스카까지 올라갔다가 태평양으로 향하는 긴 여행을 거쳐 다시 아노 누에보로 돌아온다. 새끼를 낳기 위해 찾아오는 것이다. 수컷은 12,000km, 암컷은 7,120km를 돌아 이곳으로 다시 찾아온다. 일련의 여행은 철저히 개별적으로 흩어져 이뤄진다. 낮에는 바다 속 1,800m까지 잠수해 내려가 가자미, 오징어, 문어, 뱀장어, 지렁이 등을 잡아먹는다. 깜깜한 바다 밑에서도 물체를 식별하는 센서가 있어서 자유로이 활동한다.

바다표범의 적은 상어인데 상어는 어둠속에서 활동을 못하기 때문에 천적을 피해서 낮에는 바다 밑바닥에서 활동한다. 물속에 2시간씩 잠수해 있다가 물 위로 나와 2분간 숨 쉬고 다시 물속으로 들어간다. 밤에는 상어가 활동하지 않기 때문에 물 위로 올라온다.

어떻게 그 먼 여정을 개별적으로 항해하다가 다시 태어난 곳으로 돌아오는지 지금까지도 미스터리로 남아 있다.

겨울 한 철 이곳에 머물면서 새끼를 낳고 기르는데 바다표범의 젖은 사람 젖에 비해 기름이 10곱도 더 많다. 그래서 34kg짜리 새끼를 28일 만에 136~270kg까지 체중을 늘려 놓고 어미는 떠나간다. 새끼들은 6개월에 걸쳐 스스로 수영과 먹이 사냥을 터득해야 한다. 새끼가 살아남아 성장할 수 있는 확률은 50%에 불과하다.

바다표범이 물속에 오랜 시간 잠수해 있으면서도 체온을 유지할 수 있는 것은 비곗살 두께가 7~8㎝나 되기 때문이다. 대신 육지에 나오면 열이 올라 계속해서 열을 시키려고 차가운 모래를 끼얹어 줘야 한다.

아노 누에보(Ano Nuevo)는 스페인어로 'New Years'라는 뜻이다.

1800년 초에 스페인인들이 이곳에서 살던 토착민 코론 인디언들을 내쫓았다. 그리고 북방 코끼리 바다표범을 사냥해 갔다. 1870년에는 그 개체 수가 100마리로 줄어들었다. 급기야 연방 정부에서 포획 금지령을 내렸다. 지금은 이십만 마리에 달한다.

세상에서
가장 이상하게 생긴 집

　외계인이 사는 집 같지만 실제로 생활인이 사는 집이다. 이 집은 만화 〈Flintstone house〉를 본떠 지은 집이다. 토요일 아침이면 TV에서 어린이를 위한 만화를 보여 준다. 1961~1970년대 인기리에 방영되었던 〈프린스톤 패밀리〉에 나오는 집이다. "야바 다바 두" 소리 지르며 등장하던 프린스톤을 기억하지 못할 사람은 없을 것이다.

　고속도로 280과 92 교차로에서 280을 타고 북쪽 샌프란시스코 방향으로 들어서면 오른편 숲에 이상한 집이 보인다. 집은 샌프란시스코 지역 부자들만 사는 힐스버러(Hillsborough) 시 양지바른 언덕에 위치해 있다.

1976년 집을 처음 지었을 때 모든 매스컴은 흥미롭게 기사화했다. 건축 설계사 윌리엄 니콜슨(William Nicholson) 씨의 아이디어이다. 경험해 보지 못한 새로운 공법으로 지어야만 했다. 먼저 건물 안에 철근으로 받쳐 놓은 거대한 고무풍선을 만들었다. 풍선 위로 콘크리트를 쏘아 접착시켰다. 수영장 만드는 기법이다. 콘크리트가 굳은 다음 풍선의 바람을 빼면 공간이 생긴다. 달걀껍데기나 조개껍데기처럼 둥근 형태로 만들어 힘을 분산시킴으로써 균형을 유지했다.

27개 스테인드 글라스로 창문을 장식해 빛의 조화를 유도했다. 반짝이는 크롬과 유리로 다이닝룸이 치장되었다. 진녹색 타일로 부엌 바닥을 깔았고 온돌식 난방시스템이다. 화재 걱정 없는 우아한 집이다.

힐스 버러 시와 이웃들은 이 집의 존재를 달가워하지 않는다. 이상하게 생긴 집이 옆에 있어서 조용한 날이 없고, 집값이 떨어진다는 이유에서다. 그러나 이 집은 여전히 세상 사람들로부터 인기와 관심의 대상이다. 케네디 대통령의 개척자 정신처럼 새로운 실험과 도전은 늘 우리를 긴장시키고 흥분의 도가니로 몰아간다.

샌프란시스코에서 가장 예쁜
보니타 등대

금문교를 건너 왼편 Gonzelman Road를 따라 올라가면 금문교와
샌프란시스코 전경이 한눈에 들어온다. 아름다운 경치를 뒤로하고

호크 힐(Hawk Hill)을 넘어서면 탁 트인 태평양이 보인다.

가기만 하는 일방통행인 길을 구불구불 돌아 내려가는 동안 하늘과 바다와 공기와 자연이 함께 어우러진 아름다움에 기분이 상쾌해진다. 계절에 따라 차이는 있겠으나 많은 새들이 날아다니는 건 보통이다. 수천 마리 새들이 물 위에 떠서 오수를 즐기는 광경도 있다.

보니타(Bonita)는 스페인어로 예쁘다는 뜻이다.

보니타 등대(Point Bonita Lighthouse)는 1855년 세워졌다. 처음에는 언덕 위에 있었는데 안개가 끼면 잘 보이지 않아 1877년 지금의 위치로 옮겼다. 멀리 18마일 밖에서도 등대 불빛이 보인다. 안개가 끼어 있을 때는 간격을 두고 혼(Horn) 소리로 알려 준다.

1855년에는 안개가 끼면 매 30분마다 대포를 쏘아 소리를 냈다. 어떤 때는 3일을 밤낮으로 대포를 쏜 날도 있었다. 1870년에야 스팀 종을 울리기 시작했고 지금은 자동으로 경적(Fog horn)을 울린다.

등대에 가려면 1877년에 만든 좁은 서스펜션 다리를 건너 가야 한다. 다리가 좁고 두 사람 몸무게만큼만 지탱할 수 있어서 두 사람씩만 건너간다. 다리 양 편에서 줄을 서서 기다리다가 2인이 건너가면 2인이 건너오고를 반복한다.

샌프란시스코로 입항하는 길목에 등대 6개가 있다. 그만큼 입항하는 뱃길이 험난한 지역이다. 샌프란시스코 만으로 들어가는 뱃길이 열리기 전까지 수많은 배들이 좌초되고 말았다. 만의 입구가 좁아서 외길뿐인데 주변에 바위들이 많고 늘 안개가 끼어 있어서 위험한 지형이다. 1542년 이래 공식적인 통계만으로도 151척이 좌초된 것으로 드러났다. 오죽하면 배들의 공동묘지라고 불렸겠는가. 최초로 샌프란시스코 만 입항에 성공한 배는 1775년 8월 5일 아얄라(Ayala) 선장이 지휘한 샌 칼로스(San Carlos)호이다.

배의 안전 항해를 위하여 뒤에서 고생하는 등대지기가 있기 마련이다. 지난 125년 동안 등대불이 꺼지지 않고 반짝이고 있는 이면에는 등대지기 가족의 헌신적인 근무가 있었기 때문이다. 외딴 곳에 위치한 작은 등대지기 집은 허술하기 짝이 없어 보였다.

옛날에는 샌프란시스코에 다녀오려면 하루해를 잡아야 했었단다. 기름불로 등대를 밝히던 시절 등대지기는 늘 바빴다고 한다. 유리 닦아야 하고 밤새도록 지키고 앉아 불빛이 꺼지지 않게 보살펴야 했다. 등대지기가 아프기라도 하면 부인이 나가서 밤을 새워 근무했다. 아이들 교육도 부모가 시키는 홈 스쿨링이었다. 하지만 등대지기 봉급은 장시간 근무에도 보잘것없었다.

항공모함 USS 호넷

    USS 호넷(USS Hornet)은 제2차 세계대전 당시 미국 해군을 위해 지어진 항공모함이다. 1943년에 완공된 이 배는 태평양 전쟁에 참가했다. 베트남 전쟁에서 복무했으며 아폴로 11호와 아폴로 12호 우주 비행사가 달에서 돌아올 때 회복하여 아폴로 프로그램에 참여했다. 호넷은 1970년에 퇴역하여 샌프란시스코에서 바라보이는 알라미다 옛 해군기지로 돌아왔다. 호넷은 국립 역사적인 랜드 마크와 캘리포니아 역사 랜드 마크로 지정되었으며 1998년 캘리포니아 주 알라미다(Alameda)에 있는 USS 호넷 뮤지엄(USS Hornet Museum)에 전시되었다.

    1943년 세계 2차 대전이 한창일 때 동부 뉴폴트에서 16개월에 걸쳐

건조하였다. 당시는 전시여서 건조 노동자의 1/4이 여성이었다.

항모 갑판 길이가 872피트(265m), 갑판 넓이가 147피트(45m), 만재했을 때의 수면 위 높이가 34피트(10.4m)나 되지만, 수면에 닿는 부분은 넓이가 108피트(33m)로 만들었다. 그 이유는 파나마 운하 폭이 109피트여서 미국 배들은 수면 위의 폭이 108피트를 넘지 못했기 때문이다. 스팀 터보 엔진으로 되어 있고 155,000홀스 파워이다.

항속은 32노트로 엔진과 프로펠러 사이에 기어가 있는 것이 외국 함선과 다른 점이다. 외국 함선들은 속력을 줄이려면 엔진 파워를 줄여야 하지만 호넷은 기어를 사용함으로써 엔진 파워를 줄이지 않고도 속력을 컨트롤할 수 있는 장점이 있다. 기어를 장착하면 기름 소비가 많아서 외국 함선들은 못 넣었다.

항공모함 USS 호넷은 세계 2차 대전 때 태평양에서 일본 전함을 상대로 혁혁한 공을 세웠고 한국전과 베트남전에서 활약했다. 2차 대전 동안 태평양에서 활동만 했지 기지항에 머문 시간은 다 합쳐도 15개월이 못된다. 59번 적의 공격을 받았지만 한 번도 적탄이나 돌피도, 가미가제를 맞아본 적이 없다.

갑판을 플라잉 데크라고 하는데 플라잉 데크 오른편에 지휘 브리지가 있는 아일랜드가 있다. 헬리콥터와 전투기들은 모두 날개를 접게 되어 있다.

호넷은 전투기 100대를 적재하고 있다. 세계 2차 대전 당시 하루에 일본 전투기 62대를 떨어뜨린 기록도 세웠다. 한 달에 255대를 떨어뜨렸다. 그로 인해 조종사 10명이 'Ace in a day'에 뽑히기도 했다. 반면에 세계 2차 대전 동안 미 해군 조종사 250명을 잃기도 했다.

플라잉 데크 밑이 격납고 갑판(Hangar Deck)이다. 격납고 갑판에는 전투기를 적재해 두기도 하고 폭탄 장착도 하며 수리도 이곳에서 한다. 스카이 호크와 팬텀기들이 날개를 접고 대기 중이다.

F14 팬텀기는 4만 파운드의 폭탄을 적재하고 마하2로 날 수 있다. 1992년까지 710대가 제작되었는데 그중에 637대는 미 해군이 소유했고 79대는 이란에 공급했다. 스카이 호크는 1968년 더글러스 사에서 제작해서 미 해병대에 공급한 기종이다. 조종사 2인이 탑승해서 훈련용으로도 많이 쓰인다. 3층 데크로 내려가면 F8U-1 크루세이더가 있는데 이 기종은 핵폭탄을 장착할 수 있다. 이곳에는 핵폭탄 저장고도 있다.

항공모함에는 적함을 침몰시키는 돌피도를 저장해 둔 룸이 있고, 장교 숙소, 사병 침실, 세탁소, 구치소도 있다. 수천 명이 오래도록 같이 지내다 보면 여러 가지 일이 벌어진다. 구치소가 6개나 있는 것으로 보아 죄수가 상당수 발생하는 모양이다. 구치소는 매우 좁은 방으로 아래 위에서 잘 수 있는 2인용 침대가 있을 뿐이다. 구치소 하나에 4인을 수용한다. 2인은 자고 2인은 교대 시간까지 서서 기다려야 한다. 하루에 물 두 컵과 식사는 3일에 한 끼를 준다. 구치소 안에 또 구치소가 있는데 방 하나는 완전히 문을 막아 놓고 창살도 없이 가로 세로 6㎝ 정도의 구멍만 나 있다.

1969년 첫 번째 달 착륙에서 돌아오는 아폴로 11을 태평양에서 건져올린 역사적인 일도 호넷이 해냈다. 수개월 후에 아폴로 12 역시 태평양에서 호넷에 실렸다.

애완동물
공동묘지

　프레시디오 애완동물 공동묘지(Presidio Pet Cemetery)는 프레시디오 국립공원 안 링컨 가(Lincoln Blvd)에 위치해 있다.

　애완동물 공동묘지가 프레시디오 국립 역사 지구(Presidio National Historic Landmark District)의 지위에 기여하는 자원은 아니지만 민간 단체인 프레시디오 트러스트(Presidio Trust)는 이 특별 사이트를 보존하기 위해 노력한다.

　프레시디오 애완동물 공동묘지는 이 동물과 함께 살 때 만들어지

는 특별한 유대감을 이해하고 또한 개나 고양이가 애완동물이 아니라 가족 구성원이자 친구인 경우가 더 많았다는 것을 이해하는 마음에서 애완동물 공동묘지를 관리하고 있다.

나홀로 여행족이든 절친한 사람과 함께 여행하는 이든 사진광이든 애완동물 공동묘지는 방문할 만한 가치가 있는 곳이다. 경관이 좋아서 사랑과 사진이 멋진 추억을 만들어 낼 수 있을 만한 장소다.

나는 지난주에 로젤리 씨 집을 방문했다가 검은색 도베르만과 그에 못지 않게 커다란, 이름은 알 수 없는 갈색의 개를 보았다. 덩치 큰 개의 팔꿈치에 손바닥 반만 한 크기의 상처가 벌겋게 드러나 있었다. 개가 아파할 것 같아서 사연을 알아보았다. 15살 먹은 불쌍한 비스마르크가 두 번이나 중풍으로 쓰러졌었다고 한다. 안방 침대 옆에 자리를 잡아 주고 밤낮으로 보살펴 주고 있었다.

개도 그렇고 고양이도 그렇고 한번 정들면 떼어놓기 힘든 게 애완동물이다. 영원히 잊히지 않는 게 개와의 추억이기도 하다. 정든 애완동물이 수명을 다했을 때, 수습 문제가 간단한 게 아니다. 많은 미국인은 동물 쉼터(Animal Shelter)로 보내 그곳에서 안락사를 시킨다.

그러나 각별한 사연이 있다든가 아니면 차마 안락사를 시키지 못하는 경우에 애완동물 공동묘지를 선택한다. 미국에는 일반 공동묘지 한쪽 귀퉁이에 애완동물 공동묘지가 자리 잡고 있다.

한번은 샌프란시스코 남쪽에 위치한 사이프레스 애완동물 공동묘지를 방문한 일이 있다. 더는 묘지로 쓸 만한 자리가 없을 정도로 자리를 메우고 있었다. 자리를 차지하고 있는 묘지의 묘비를 보면 개나 고양이들이다. 그러나 앵무새 무덤도 있고 비둘기, 토끼, 햄스터, 쥐, 도마뱀. 그리고 열대어도 있다.

애지중지하면서 같이 살아온 애완동물이 죽었는데 당신은 어떻게 하겠는가? 갖다 버리겠는가, 쓰레기통에 넣겠는가? 화장을 해 주거나 아니면 공동묘지에라도 묻어 줘야 하지 않겠나.

애완동물이 죽은 지 수년이 지났는데도 묘지에 찾아와 꽃을 놓고 가는 주인의 심정을 이해할 것도 같다.

화강암으로 묘비를 웅장하게 세워 놓은 한 묘석에는 다음과 같이 쓰여 있다.

우리의 눈길로부터 사라졌지만, 우리의 기억에는 영원히 남아 있단다.
우리의 손길로부터 떠나 버렸지만, 우리의 마음에는 영원히 남아 있단다.

- 너희들을 사랑하는 엄마와 아빠로부터

누드 비치를
즐기세요

샌프란시스코에서 고속도로 1번을 타고 남쪽으로 30분 정도 달리면 조그마한 몬타라 비치가 나온다. 서니 사이드 캘리포니아(Sunny side California)에는 누드 비치가 여러 개 있다. 특히 남가주에 더 많다. 비치가 마치 병풍에 둘러싸인 것처럼 절벽 아래에 있다. 자연 환경이 마음 편히 벗어도 될 것 같은 느낌을 준다. 누드 비치를 즐기려면 안개와 바람이 없는 날이어야 한다. 또한 오전보다는 햇빛이 따뜻한 오후가 좋고 주말보다는 사람이 적은 주중이 좋다.

누드를 즐기는 사람들은 자연주의자일 수도 있고 자연광 태닝을 하려는 사람일 수도 있다. 미의 기준이 흰 피부에서 자연스러운 피부로 바뀐 지 오래다. 멋지게 그을린 구릿빛 피부는 섹시함의 상징이다. 거기에다가 비키니 자국

없이 자연스럽게 그을린 체구는 모두가 부러워하는 젊음의 표상이기도 하다. 자연광 태닝 후에는 잊지 말고 피부에 수분 공급을 해 줘야 한다.

보디 로션을 계속 발라 주어야 피부 껍질이 안 벗겨지고 신선함을 유지한다.

산 마테오 카운티의 누드 비치는 공식적으로 두 군데지만 몬타라 주립 비치는 일반인들이 너무 많아 실제로 누드로 나설 수 없는 비치다. 폼포니오(Pomponio) 비치는 접근하기가 위험하다. '누드 비치'라고 부르기도 하고 '의류 선택 비치'라고 부르기도 한다.

미국에서 가장 오래된 누드 비치는 1967년 개방된 샌 그레고리오 비치(San Gregorio Beach)이다. 개인 소유의 해변이지만 해변이 넓어서 혼잡하지 않다는 장점이 있다. 유의할 점은 누드 비치는 은근히 드러내는 게 낫고, 공개적으로 나서는 건 환영하지 않는다는 점이다.

산마테오 카운티 누드 비치 등급을 내기 위해 7,000여 명에게 설문조사 한 결과 가장 선호하는 누드 비치로 62%가 그레이 웨일 코브(Grey Whale Cove)를 꼽았고 28%는 샌 그레고리오 비치를 선택했다.

주립 공원 비치에는 다양한 규정과 지켜야 할 누드법이 있다.

〈개인 신체를 드러내는 금지법〉

개인의 사적인 부위를 노출시키지 않고, 음모만 가리는 덮개를 사용한다. 라이브 공연, 시연 또는 전시회에 참여하거나 또는 고객에게 서비스를 제공하는 행위를 금지한다. 위반 시 벌금 500달러 또는 6개월 이하 징역에 처한다.

귀신을 쫓아내는
망치 소리

윈체스터 하우스(Winchester House)는 매우 우아한 빅토리아 스타일 집이다. 525 South Winchester Blvd. San Jose에 위치해 있다. 캘리포니아의 역사적인 랜드 마크이며 국립 유적지에 등록되어 있다. 개인 소유이며 관광 명소 역할도 톡톡히 한다.

미국에서 가장 범죄가 없는 도시 2위에 선정된 산호세에는 우리 교포가 5만 명 정도 거주한다. 따뜻한 기온에 늘 맑고 깨끗한 도시다.

윌리엄 윈체스터는 코네티컷 부지사의 아들이었고 사라는 코네티컷 대부호의 딸로 좋은 학교에서 교육도 잘 받았고 피아노도 잘 치는 규수였다. 두 사람은 윌리엄이 28세, 사라가 25세이던 1862년에 결혼했다. 4년 후에 딸을 낳았으나 2주 만에 죽었다. 그 후 사라는 우울증에 시달렸고 영원히 치유되지 않았다.

서부 개척 시절 윈체스터 씨는 최초로 연발 소총을 발명함으로써 거부가 된 인물이다. 윈체스터 씨는 1881년 결핵으로 사망하면서 부인 사라에게 유산을 남겼는데 현시가로 5억 3,200만 달러(6천억 원)가 된다. 또한 윈체스터 회사 주식의 50% 소유권도 남겼다. 하루에

26,000달러에 해당하는 수입이다.

그러나 그녀는 우울증으로 자신도 죽을 것이라는 망상에 시달렸다. 일설에 의하면 보스턴의 어느 무당이 윈체스터 총에 죽은 혼령들이 딸과 남편을 데려갔다고 했단다.

이를 계기로 그녀는 보스턴을 떠나 서부인 산호세에 자리 잡으면서 지속적으로 집을 지어 억울한 영혼들을 달래 주기로 했다. 그녀는 1884년에 산타클라라 밸리에 있는 미완성 농가를 구입했고, 윈체스터 하우스는 거기에 지어지기 시작했다. 그녀는 직접 목수 13명을 고용해서 쉬는 날 없이 일 년 365일 24시간, 죽을 때까지 36년 동안 계속해서 집을 지어 나갔다. 망치 소리가 끊임없이 들려야만 자신이 살아 있다는 망상에 잡혀 있었다.

그녀는 건축가의 설계도를 사용하지 않고 즉흥적으로 건물에 멋대로 추가했다. 집에는 아무데도 가지 못하는 문과 계단, 다른 방과 계단이 내려다보이는 창문, 거꾸로 세운 기둥들, 이런 수많은 이상한 점이 있다. 이 집의 시계들은 모두 13시 13분에 고정 시켜 놓았다. 사람들은 많은 기이함을 유령에 대한 그녀의 믿음으로 돌린다. 이 집의 그랜드 볼룸(The Grand Ballroom)은 못 없이 나무를 끼어 맞추어 지었다. 바닥은 6가지 나무를 섞어 호화롭게 치장했다. 마호가니, 틱나무, 단풍나무, 향목, 참나무 그리고 흰물푸레 나무로 깔았다. 이렇게 우아한 방에 들른 손님은 아무도 없다. 파이프 오르간은 사라가 가끔씩 밤에 쳤다고 한다. 윈체스터 부인이 나무를 선호했기 때문에 집은 주로 레드우드로 지었다.

26대 대통령 루즈벨트가 샌프란시스코에 왔다가 친구였던 윈체스터를 생각해서 부인을 방문한 일이 있었다. 대통령이 집 정문 앞에 와 있는데 부인 사라가 정문으로 들어오지 말고 하인들이 드나드는 옆문으로 들어오라고 했다. 결국 대통령은 그냥 돌아가고 말았다.

그녀는 한 장의 사진도 남기지 않았다. 오른쪽의 사진은 정원사가 몰래 숨어서 찍은 유일한 사진이다.

마지막 권총 결투

샌프란시스코에서 1번 고속도로를 타고 바닷가를 따라 남쪽으로 달리다 보면 메르세드 호수(Lake Merced)가 나온다. 호수 옆을 따라 골짜기로 들어서면 역사적인 장소 브로데릭(David Broderick)과 테리(David Terry)가 벌였던 권총 대결 장소가 있다.

영화 〈오케이 목장의 결투〉, 〈하이 눈〉 같은 데서 나오듯 서부 시절에 권총 대결은 의견 충돌의 종지부를 찍는 방법으로 활용되어 왔다. 근본적으로 권총 대결 문화가 미국에서 자생한 것이 아니라 유럽에서 수입된 대결 방식이다. 유럽에서는 중세 시대부터 의견 충돌을 해결하기 위해 검(펜싱) 대결로 승부를 겨뤘다.

신무기인 권총이 발명되면서 검 대신 권총 대결로 이어졌고 미국으로 건너오면서 카우보이들의 전용물처럼 되고 말았다. 검 대결이나 권총 대결은 자신의 주장을 위해서 목숨을 걸어야 했던 당시의 남성우월주

의에서 명예가 얼마나 막중했던가를 말해 주고 있다.

1850년대만 해도 미국에서 권총 대결은 법으로 금지되어 있었다. 그러나 서부 개척지였던 샌프란시스코에서는 논쟁을 끝내는 적절한 방법으로 권총 대결을 묵인하는 사회적 분위기가 조성되어 있었다.

브로데릭과 테리의 권총 결투가 역사적으로 유명한 까닭은 이 결투로 하여금 결투금지법이 강화돼서 이후 결투가 종식되었기 때문이다.

결투장 입구에는 'Historical site No. 19, Broderick Terry Duel(사적지 19번, 브로데릭과 테리의 결투장)'이란 주 정부 사인이 있다. 작은 계곡으로 들어서면 이곳이 권총 결투장이었다는 표시가 된 돌비석이 서 있고 뒤로 겨우 한 사람이 걸어갈 수 있는 좁은 흙길이 있다. 키 큰 소나무들이 그늘을 드리운 오솔길을 따라 걷다 보면 대낮임에도 불구하고 침침하고 으스스한 느낌이 든다. 칙칙한 길을 따라 한참 들어가면 사방이 언덕으로 둘러싸인 골짜기에 잡풀이 우거져 있고 조용하고 우중충한 기분이 감도는 장소가 나온다. 이곳에 두 개의 돌비석이 마주보고 서 있다. 약 1백 미터 거리를 두고 작은 돌비석이 마주보고 서 있는데 하나에는 Broderick, 다른 하나에는 Terry라는 이름이 대각선으로 조각되어 있다.

권총 대결의 전말은 이렇다. 캘리포니아 출신 연방 상원의원 브로데릭과 캘리포니아 대법원장 테리 사이에 일어난 의견 대립이 결국 권총 대결로까지 이어졌다. 상원의원 브로데릭은 북부 출신으로 노예 제도를 반대하는 입장이었고, 대법원장 테리는 남부 출신으로 노예 제도 연장을 주장했다. 때마침 선거가 있었고 선거전에서 논쟁의 골은 깊

어만 갔다. 두 사람은 자신의 주장을 굽히지 않아 결국 권총 대결로 까지 갔다. 신문에서는 대대적으로 권총 대결을 보도했다. 대결 날짜는 1859년 9월 13일 금요일 이른 아침으로 정했다. 두 사람은 미리 약속해 놓은 장소 메르세드 호수 동쪽 좁은 골짜기에서 만났다.

두 사람 사이의 거리는 불과 1백 미터가 안 됐다. 참관인들 75명이 양편에 서서 두 사람이 정하는 규칙을 지켜보고 있었다. 동전 던지기에서 브로데릭이 이기는 바람에 먼저 자신의 위치를 선정했다. 동쪽에서 서쪽을 바라보는 위치를 선택한 것이다. 떠오르는 태양을 등지겠다는 심산이었다. 대신 테리는 두 자루의 권총 중에서 하나를 먼저 선택할 수 있는 권한이 있다. 권총은 '벨지안 58개리벌 피스톨'이었고 두 발씩 장전되어 있었다.

두 사람은 서로 등을 맞대고 서 있다가 앞으로 열 발짝을 걸어간 다음 돌아서면서 쏘는 것이다. 돌아서면서 브로데릭이 먼저 발사했다. 그러나 총알은 테리 발 앞 흙에 박히고 말았다.

곧이어 테리가 쏜 총알은 브로데릭의 오른쪽 어깨에 맞았다. 브로데릭은 힘없이 무릎을 꿇었다. 곧바로 차에 실려 친구의 집으로 운반되었다. 당시만 해도 외상 치료가 변변치 못한 시절이어서 몸에서 열이 계속 나다가 3일 만에 사망했다.

단순한 사건이었지만 우리에게 시사(示唆)하는 바가 크다 하겠다.

샌프란시스코
웰스 파고 뮤지엄

샌프란시스코 다운타운 420 Montgomery St.에 가면 웰스 파고 뮤지엄(Wells Fargo History Museum)이 있다.

웰스 파고 은행으로 널리 알려진 이름이지만 실은 서부 개척 시절의 역사와 전통이 있는 은행이다. 웰스(Wells) 씨와 파고(Fargo) 씨가 힘을 합쳐 1850년 웰스 파고 회사를 차렸다. 부설 회사로 아메리칸

익스프레스 회사도 차렸다. 뉴욕에서 미주리를 오고 가는 특급 배달 업체였다. 캘리포니아에서 금이 발견되면서 사업을 캘리포니아까지 넓혔다. 미국 동부와 서부를 급행으로 달리는 특급 역마차였다. 후일 웰스 파고 회사는 은행으로 발전하여 지금에 이른다.

1850년 당시로서는 가장 훌륭한 승용차에 속하던 역마차 스테이지 코치다. 시간당 5마일의 속력으로 달렸다. 12마일을 달리고 난 다음 매번 말에게 먹이를 줘야 했고, 45일마다 역마 역에서 말을 바꿔야 했다. 세인트 루이스에서 샌프란시스코까지 21일 동안 밤낮으로 달려야 만 했다.

마차 안에는 3인용 의자가 세 개 있어서 아홉 명이 탈 수 있다. 물 푸레나무나 참나무로 건고하게 만들었고 붉은색으로 칠하고 노란 글 씨로 웰스 파고 회사라는 로고를 썼다. 스테이지코치 뒤에 기름 먹인 가죽으로 빗물이 스미지 않는 검은색 커다란 자루가 있다. 자루에 택 배 물건을 넣었다. 앞 운전석 밑에도 가죽 자루가 있는데 여기에는 웰 스 파고의 귀중품(은행 증표, 현금 등)을 넣었다. 지붕에는 짐을 실었으 나 때로는 승객을 태울 때도 있었다. 3인승 의자 세 개를 놓아 9명이 앉을 수 있다. 아래위에 승객을 태우면 18명이 탑승한다. 바퀴는 철로 감싸져 있고 브레이크 패드가 달려 있다. 운전석 앞의 기다란 작대기 가 브레이크여서 발로 밟게 되어 있다. 현대 자동차의 원리를 고대로 지니고 있다.

스테이지코치의 무게는 2,500파운드다. 이런 스테이지코치를 웰스 파고 회사가 16대를 보유하고 있었다. 역마차는 보통 말 네 마리가 끈다. 때로는 6마리가 끌 때도 있다. 스테이지코치가 자가용일 경우에는 2마리가 끈다.

한국 전쟁 기념비

한국 전쟁(1950년 6월 25일~1953년 7월 27일) 동안 약 37,000명의 미국인과 100만 명의 한국인이 목숨을 잃었다. 이 전쟁 중에 봉사하고 희생한 사람들을 기념하여 2016년 8월 1일 프레시디오에서 새로운 한국 전쟁 기념비(Korean War Memorial San Francisco)를 세웠다. 한국 전쟁 기념비는 샌프란시스코 국립묘지 바로 외곽에 위치하고 있으며 현재 공개되어 있다.

샌프란시스코는 1950년 한국 전쟁에 참전하기 위하여 고국을 떠나는 마지막 승선 지점이었고, 금문교가 전쟁에서 돌아오는 군인들의 개선문이었기에 한국 전쟁 기념비 장소로 선정되었다. 기념비는 샌프란시스코 국립묘지에 인접한 프레시디오의 눈에 띄는 장소에 있다. 그것은 금문교 다리, 태평양, 그리고 지금 발전해 가는 민주적인 대한민국을 향해 서쪽을 바라보고 있다.

광장의 중심에는 화분을 둘러싸고 있는 원형 벤치가 있고 전쟁의 주요 전투 장면을 돌에 새겨 놓았으며 몇 개의 젊은 한국 소나무를 심었다.

'잊힌 전쟁'으로 알려진 한국 전쟁은 여전히 큰 의미를 가진 전쟁 중 하나였다. 이 기념비는 갈등의 배후에 있는 짧은 역사, 즉 목숨을 희생한 사람들과 오늘날의 한국 상태를 제공하는 환상적인 일을 하고 있다.

2016년, 개장한 이래 한국 전쟁 기념관은 샌프란시스코 통합 교육구 및 기타 기관과 협력하여 미래 세대가 한국 전쟁과 한국의 자유를 보호하기 위해 희생한 사람들을 기억하도록 교육 프로그램을 새로 개발했다.

위치는 샌프란시스코 프레시디오 국립묘지, 링컨 가(Lincoln Blvd.) 이다.

샌프란시스코
위안부 기림비

세상에 그런 일이 있었는지조차 모르고 지내던 사람들에게 "내가 산 증거다"라고 외친 할머니, 수치스러워 스스로 입을 열지 못했던 종군 위안부들의 한을 풀어야 한다며 일어섰던 김복동 할머니가 소녀들을 바라본다.

위안부 기림비는 차이나타운 St. Mary's Square에 있다. 샌프란시스코 위안부 기림비는 미국 대도시에 최초로 세워진 위안부 조형물이다.

샌프란시스코 위안부 기림비는 2015년 9월 샌프란시스코 시의회에서 결의안이 통과된 후 일본의 온갖 방해공작을 물리치고 2년여간의 모금 운동과 디자인 공모를 거쳐 2017년 9월 22일 미국 대도시 최초로 건립되었다.

세 명의 한국, 중국, 필리핀 소녀가 서로 손을 잡고 둘러서 있고, 이를 위안부 문제를 세계에 처음 공론화한 위안부 피해자 김학순 할머니가 바라보는 형상인 이 기림비는 캘리포니아 카멜에서 활동하는 조각가 스티브 와이트가 '여성 강인함의 기둥'이라는 제목으로 제작했다.

일본 오사카 시와 샌프란시스코는 자매 도시이다. 서울과 샌프란시스코 역시 자매 도시이다. 오사카 시는 샌프란시스코 시에 대해 위안부 기림비 건립을 끈질기게 반대하고 회유해 왔다. 그러나 샌프란시스코 시 의회는 이를 거부했고 드디어 오사카 시 하시모토 시장은 자매 도시 지위를 파기하기에 이르렀다.

이 기림비는 최근 김학순 할머니 동상에 녹색과 흰색 페인트 얼룩이 덧칠된 부분이 발견되는 등 일부 훼손되기도 했다.

샌프란시스코
미술 궁전

샌프란시스코 미술 궁전(Palace of Fine Arts)은 아름다운 돔과 곡선 기둥을 특징으로 하는 무료 명소이다. 샌프란시스코의 마리나 지구에 있다. 1915년 파나마 태평양 박람회 개최 후에 남은 몇 안 되는 구조물 중 하나다. 박람회를 위한 임시 구조물로 지어졌지만 박람회가 끝난 후에도 방문객과 지역 주민 모두 미술 궁전과의 사랑에 빠졌으므로 샌프란시스코 시는 건물을 유지하기로 결정했다.

샌프란시스코 미술 궁전의 매력은 유명한 건축가 버나드 메이벡(Bernard Maybeck)에 의해 디자인되었다. 전체 건물은 로마와 그리스

건축에서 영감을 얻은 기둥과 아름다운 돔에 대한 복잡한 디테일이 있는 예술 작품이다. 건물 바깥을 자유롭게 돌아다닐 수 있다. 또한 피크닉 점심을 먹기에 완벽한 장소이기도 하고 잠시 동안 휴식을 취할 수 있는 장소이기도 하다. 건물의 아름다움은 지역 주민과 방문객 모두를 매혹시킨다. 건물과 장소가 얼마나 아름다운지는 많은 커플들이 결혼식이 끝난 후에 여기서 사진을 찍는 것을 보면 알 수 있다.

Part 04

현지인이 알려 주는
샌프란시스코의 관광 명소

샌프란시스코와
그 주변의 7대 명물

   미국에서 여행이라면 빼놓을 수 없는 인물 돈 조지(Don George). 그는 샌프란시스코에 기반을 둔 여행 잡지사 편집장이며 『Lonely Planet's』의 작가이기도 하다. 돈은 50여 개국을 여행했고 600여 편의 묶음 기사를 신문과 잡지에 기고한 여행 전문가이다.

   그가 꼽은 샌프란시스코와 그 주변의 7대 명물을 소개한다.

   첫 번째 명물은 누구나 다 아는 금문교(The Golden Gate Bridge)다.

두 번째는 트랜스 아메리카 피라미드(Trans America Pyramid)다. 샌프란시스코의 금융가에 위치해 있으며 1972년에 완공된 건물이다. 높이가 260m이며 48층짜리 사무실 건물이다. 건축가 윌리엄 페레이라(William Pereira)의 작품이다. 트랜스아메리카 보험 회사의 안전성을 상징하는 피라미드형으로 건물 사진이 회사 로고로 사용되고 있다. 건물의 사각 피라미드 맨 꼭대기 양편에 날개가 있다. 동쪽 날개에는 엘리베이터가 설치되어 있고, 서쪽 날개에는 비상층계가 있다.

세 번째는 클레어몬트 호텔(Claremont Resort and Spa)이다. 버클리 대학 캠퍼스에서 얼마 떨어지지 않은 산 중턱에 우뚝 서 있는 거대한 호텔이다. 1915년에 지은 건축물로 캘리포니아의 역사적 건물이다. 아 늑 하 고 매력적임은 물론이려니 와 특별한 정취와 품위 가 있다. 주 로 부자들

이 결혼 피로연을 열기도 한다. 다이닝 룸에서 바라보는 샌프란시스코 석양이 일품이다.

1849년 캔자스의 한 농부 빌 톤버그는 금을 찾아 캘리포니아로 이주 했다. 운이 좋게도 빌은 금맥을 발견하였고 금광을 통해 거부가 되었다. 13,000에이커나 되는 땅을 사서 지금의 호텔 자리에 영국식 성을 짓고 살았다. 딸은 영국 귀족과 결혼해서 영국으로 갔고 부부만 살았다.

거부답게 많은 하인을 거느리고 특별히 여우를 사육해서 영국식 여우 사냥을 즐겼다. 1901년 화재로 전소했고 역시 금광으로 거부가 된 해븐과 스미스 두 사람은 그 자리에 오늘날의 클레어몬트 호텔을 지었다.

네 번째는 포인트 레이스 등대(Point Reyes Lighthouse)다. 샌프란시스코에서 금문교를 건너 1번 고속도로를 타고 한 시간 정도 운전하면

포인트 레이스 등대가 나온다. 아름다운 농촌과 자연을 스쳐지나가는 드라이브 코스가 인상적이다.

역사적인 포인트 레이스 등대는 1870년 등대 설비와 기술을 프랑

스에서 들여와 완공했다. 아름답고 견고하게
지은 작은 등대는 150년이 지난 지금도 살아
있는 등대다.

등대지기가 거주하고 있으며 국립해양보호
구역에 편입되어 공원 단지에서 운영한다.

다섯 번째는 버클리 대학 캠퍼스에 있는 시
계 종탑(The Campanile at UC Berkeley)이다.
종탑은 1914년에 세워진 높이 93.6m의 시계와 종이 있는 탑이다.

시계와 종이 있는 탑으로는 세계에서 세 번째로 높은 탑이다. 종탑
은 버클리 대학의 상징이기도 하다. 매일 아침 7시 50분, 정오 그리고
오후 6시에 종이 울린다. 일요일 오후 2시에는 특별히 오래도록 종이
울린다.

○ Insider's **Tip**

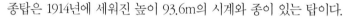

버클리 대학 캠퍼스에는 바위에 1950
~1953년 한국전에서 희생된 ROTC 동
기들을 기리는 기념 동판이 있기도 하다.
한국 전쟁에 참전했다가 1950년 7월 20
일 대전 전투에서 포로가 된 윌리엄 딘
(William Dean) 소장도 UC 버클리 ROTC
출신이다.

여섯 번째는 샌프란시스코 케이블카(San Francisco Cable Car)다. 케이블카 하면 공중에 매달려 올라가는 카를 연상한다. 그러나 샌프란시스코 케이블카는 전차가 선로 위를 달리는 것처럼 보인다. 전차와 다른 점은 전차는 공중에 있는 전선으로 전기 공급을 받아 움직이지만 케이블카는 선로 밑 땅속에 있는 케이블이 끌어 올리게 되어 있다.

공중에 매달려서 올라가는 케이블카하고 시스템이 같다. 다만 케이블이 공중에 있는 게 아니라 선로 밑 땅속에 있을 뿐이다.

샌프란시스코는 45도 경사진 언덕길이 많다. 경사가 심해서 일반 전차로는 운행이 불가능해서 케이블카가 등장하게 된 것이다.

영국에서 이민 온 앤드류(Andrew S. Hallidie)라는 청년이 케이블 생산 공장을 운영하고 있었다. 1869년 여름, 당시만 해도 운송은 말이 끄는 마차에 의존하던 때이다. 다섯 마리가 끄는 마차가 높고 긴 언덕을 헉헉대며 올라가다가 힘에 겨워 결국 말 다섯 마리가 다 죽고 말았다. 그 광경을 목격한 청년 앤드류는 연구 끝에 케이블카를 만들어 냈다. 아이디어는 광산 지하 갱도에 드나드는 케이블카를 확대시켜

놓은 것이다.

1873년 8월 2일 실험 운행에 성공했다. 샌프란시스코 시민들의 전폭적인 지지를 받아 노선이 확장되어 나갔다. 옛날에는 한 시간에 4.2km의 속력으로 달려도 쓸 만했으나 지금은 너무 느려서 매달려 타고 가도 운행에 지장이 없다.

케이블카는 전 세계에서 이곳에만 있는 명물이어서 관광객이라면 누구나 한번 타 보고 싶어 한다. 케이블카가 작아서 서서 가는 것이 보통이다. 운전사도 서서 운전하는데 차는 천천히 갈망정 운전사는 바삐 움직여야 한다. 이것저것 기어 당기랴, 브레이크 밟으랴, 종 치랴 매우 바쁘다. 일 년에 한 번 케이블카 운전사 종 치기 대회도 있다. 1949년부터 매해 챔피언을 뽑는데 종을 너무 잘 쳐서 감탄이 절로 난다.

일곱 번째는 골든 게이트 파크 식물원(The Conservatory of Flowers)이다. 샌프란시스코 골든 게이트 파크에 아름다운 빅토리안 건축물인 그린하우스가 있다. 식물원을 둘러싸고 있는 꽃과 식물이 어우러진 분위기가 빅토리안 건축물을 한층 돋보이게 한다.

식물원은 1897년에 열었고 식물원에 유리창이 16,000여 개나 된다. 샌프란시스코 식물원은 역사적인 랜드 마

크이자 살아 있는 식물 박물관이다.

식물원에는 5개의 전시관이 있는데 그중 네 개에는 다양한 유형의 기후에서 다양한 식물이 포함되어 있다. 다섯 번째 갤러리는 특별 전시 구역이다. 특별 전시는 보통 한 번에 약 6개월 동안 전시된다.

미국 서부의 관문,
금문교

앞서 설명한 돈 조지는 샌프란시스코의 7대 명물 중 제일로 '금문교'를 꼽았다. 금문교를 디자인한 엔지니어 조셉 스트라우스(Joseph Strauss)는 유대인이다. 어머니가 피아니스트이고 아버지는 화가였다. 요셉은 신시나티 대학에서 시문학을 공부했다. 후일 그가 디자인한 다리는 수도 없이 많다. 미적 감각이 풍부한 조셉의 마지막 작품, 인

간이 만든 가장 아름다운 다리가 금문교이다. 1937년 4년 반 동안의
공사 끝에 금문교가 완성되었다.

하나의 건축물이 태어나서 만인의 사랑을 받을 수 있게 디자인한
요셉은 그다음 해 세상을 떠났다.

기술적 골격 설계는 찰스 엘리스(Charles Ellis)와 레온 모이세프
(Leon Moisseiff)가 담당했다. 다리 밑에 벽돌 건물은 1861년에 건설된
군사기지다. 샌프란시스코로 들어오는 적을 방어하기 위해 건설한 포
진지다.

1900년부터 사용하지 않고 비어 있었는데 다리를 건설할 당시 철거
이야기가 대두되었으나 금문교 설계사가 기술적으로 피해 가는 기법
을 사용했다. 오늘날 역사적인 포진지 포트 포인트(Fort Point)도 살아
남아 있고 금문교도 건재하다.

1951년 12월 시간당 70마일로 불어 닥친 대폭풍으로 다리가 몹시
흔들려서 통행을 중지시켰다. 좌우로 27피트(8.2m) 상하로 5피트
(1.5m) 휘청거리기를 반복했으나 잘 견뎌 주었다.

금문교는 미 건축가협회(AIA)가 선정한 미국인들이 가장 좋아하는
건축물 5위에 올라 있다.

너무 아름다운 것도 죄인가? 1937년 4월 개통 이후 '자살의 명소'로
이름이 나 있다. 미리 자살을 결심하고 찾아왔건 다리의 아름다움에
취해서 즉흥적으로 결심했건 금문교에서 자살을 선택하는 사람은 늘
어만 간다. 개통 이후 자살자가 1,800명에 가깝고 1977년 한 해에 40
명이 자살한 것이 최고 기록이다.

매해 35명 정도가 자살에 성공하고 70명 정도가 제지당해 실패한다. 지난 10년간 투신자살한 사람들을 분석한 결과 자살한 사람들의 평균 연령은 42세였다. 백인이 83%를 차지했고, 성별로는 남성이 여성보다 3배 더 많았다. 최고령자는 84세였고 최연소자는 14세였다.

금문교는 안개와 바람이 항시 머물다시피 하는 다리여서 늘 쌀쌀하고 춥다. 처음 다리를 건설하고 통행료를 징수하면서 건설 비용이 다 걷히면 자유통행을 하겠다고 했지만, 결국 1971년 건설 비용이 모두 회수되었음에도 불구하고 약속은 지켜지지 않고 있다. 오히려 유지 보수 비용이다 뭐다 해서 매해 올려 받는 형국이다.

샌프란시스코
피셔맨즈 워프

샌프란시스코는 항구 도시인 동시에 어항이다. 샌프란시스코를 상징하다시피 하는 피셔맨즈 워프(Fisherman's Wharf)는 작은 어항과 생선을 파는 가게들 그리고 레스토랑이 전부다. 지금처럼 넓은 지역을 차지하게 된 것은 1970~1980년대의 상업성 때문이다.

옛날에는 샌프란시스코 만 어디서나 게와 조개가 잡혔으나 지금은 배를 타고 멀리 나가야 잡을 수 있다. 11월부터 게잡이 철이 시작되는데 보통 게 어선 한 척이 통발 200개 정도 던져 놓고 다음 날 건지는 식이다.

사람들은 샌프란시스코에서 관광하기 좋은 곳으로 피셔맨즈 워프를 꼽는다. 미국 서부에서 가장 바쁘고 유명한 관광 명소 중 하나인 피셔맨즈 워프는 Pier 39, Cannery 쇼핑센터, Ghirardelli Square, Ripley's Believe it or Not 박물관, Musée Mécanique, Fisherman's Wharf의 Wax Museum 및 San Francisco Maritime National Historical Park의 위치로 유명하다.

사시사철 삶은 게를 먹을 수 있는 곳, 아무데서나 서서먹어도 개의치 않는
편한 곳이다.

피셔맨즈 워프에는 해산물 식당이 많다. 특히 사우어도우(Sour-dough) 빵 그릇에 담은 크램 차우더(Clam Chowder)는 맛이 그만이다. Fishermen's Grotto, Pompei's Grotto 및 Alioto's를 포함한 일부 레스토랑은 같은 가족 소유권의 3세대로 내려오면서 이어지고 있다. 피셔맨즈 워프에는 인앤아웃 버거(In-N-Out Burger)도 있다. 지역 비즈니스 리더들은 가족 소유의 인앤아웃을 제외한 모든 다른 패스트푸드 체인에 반대한다. 왜냐하면 그들은 이 지역에서 가족 소유의 수십 년 된 비즈니스의 품위 유지를 원하기 때문이다.

피셔맨즈 워프의 다른 명소로는 하이드 스트리트 부두(Hyde Street Pier, 샌프란시스코 해양 국립 역사 공원의 일부)와 USS 팜파니토(USS Pampanito), 제2차 세계 대전 잠수함 및 19세기 화물선인 밸클러서(Balclutha)도 있다.

피셔맨즈 워프는 7월 4일 세계적 수준의 불꽃놀이와 블루 앤젤스(The Blue Angels, 미국 해군의 곡예비행단)가 등장하는 함대 주간 에어 쇼의 가장 좋은 전망을 포함하여 많은 샌프란시스코의 이벤트를 개최한다.

연어잡이 바다낚시도 즐길 수 있다. 연어 낚시는 시즌이 있는데 연안마다 다른 시즌이 적용된다. 샌프란시스코는 6월 17일부터 10월 31일까지가 시즌이다. 일인당 두 마리로 제한되어 있으며 길이가 20인치(50㎝) 이상이어야 한다.

낚싯배는 새벽 5시에 출항해서 오후 3시에 돌아온다. 배는 금문교를 빠져나가 태평양 연안에서 고기를 잡는다. 연어가 물리면 사투 끝에 끌어올려야 하는데 연어는 힘이 매우 세므로 야구 방망이로 연어 머리를 쳐서 기절시킨 다음 끌어올린다. 하루 종일 낚시하다 보면 누구나 잡아올 수 있다. 설혹 못 잡으면 옆에서 2마리 이상 잡은 사람이 나눠 주기도 한다.

잡은 연어는 부두에 오자마자 사이즈가 맞는지 검열을 받는다. 검열 후에는 배를 따서 세척해 주기도 한다.

피셔맨즈 워프를 여행하는 다양한 방법

세그웨이

피셔맨즈 워프는 지역이 넓어서 걸어 다니면서는 다 볼 수 없다. 이 문제를 보완해 주는 방법들이 개발되었는데 그중에 하나가 세그웨이(Segway)이다. 몸무게가 45kg 이상만 된다면 누구나 이용할 수 있는 전기 자전거 같은 것이다. 세그웨이 투어는 연습 시간이 45분 정도이며, 그다음에 진행되는 실제 투어는 2시간 30분에서

3시간 정도다. 십여 명 정도가 한 그룹이 되어 가이드를 따라 해설을 들으며 다닌다.

자전거

지금은 자전거 투어가 대세다. 자전거는 간편해서 쉽게 다닐 수 있으며 속력 조절도 자유롭다. 샌프란시스코 부두는 연락선이 발달해 있어서 여러 지역을 연락선으로 만을 건너다닌다.

주말에 소살리토(Sausalito)로 건너가는 페리를 타면 렌트해서 타는 자전거가 가득 실려 있다. 자전거 렌트 비용은 1시간에 18달러, 1일에 72달러다.

스쿠터, 자전거 모두 법적으로 안전 헬멧을 쓰는 것으로 되어 있으나 실제로 쓴 사람은 보기 어렵다.

그 외에 다양한 방법들

전기차를 빌려 관광하는 방법도 있다. 컴퓨터 투어 가이드가 장착되어 있어서 설명을 들을 수 있다.

스쿠터를 렌트해서 타고 다녀도 된다. 렌트비는 1일 45달러다.

피셔맨즈 워프의 바다사자

39부두 끝자락에서는 바다사자(Sea Lion)들이 낮잠을 즐기는 모습을 볼 수 있다.

바다사자들은 1989년 Loma Prieta 지진이 일어나기 몇 달 전에 거주지를 이리로 옮겼다. 바다사자는 원래 도킹 보트에 사용된 나무 부두에 올라와 휴식을 취한다.

예전에 비해서 숫자가 많이 줄어들었다.

잠수함 USS 팜파니토 투어

피셔맨즈 워프에 있는 퇴역 잠수함에 대한 투어가 있다. 이 잠수함은 세계 2차

대전 당시 태평양에서 혁혁한 공을 세웠다. USS 팜파니토(USS Pampanito)는 남태평양에 서식하는 물고기 이름을 따서 팜파니토라고 명명하게 되었다.

위의 사진은 팜파니토 잠수함의 깃발이다. 잠수함의 사명이 톨피도(Torpedo)를 발사하여 적함을 침몰시키는 것이어서 톨피도를 타고 일본 기를 날리는 군함을 향해 돌진하는 팜파니토를 둥근 원 안에 그려 놓았다. 왼쪽의 일장기 6개는 침몰시킨 적함의 숫자이고 오른쪽 4개는 파손 입힌 적함 숫자이다. 붉은 작대기 6개는 6번 출전했었다는 의미이고 붉은 십자가와 73이라고 쓴 숫자는 위험한 적지에서 73명의 미군을 구출했다는 자랑스러운 상징이다.

잠수함 진수 이후 6번 출격했는데 1944년 3월 15일부터 5월 2일까지 47일간 태평양 바다에 있었다. 한 번 출격하면 평균 50일 바다에 머문다.

톨피도는 24개 싣고 다닌다. 잠수함 앞뒤에서 톨피도를 발사할 수 있다. 톨피도는 앞부분 1/5에 고성능 폭탄이 장착되어 있고 중간 2/5는 공기와 연료탱크이고 뒤 1/5이 엔진이다. 엔진 다음에 프로펠러가 달려 있다. 잠수함은 실내 공간이 매우 협소해서 공간 활용도가 100%이다. 톨피도실 근무병들은 톨피도실에서 취침한다.

하늘 문

봄부터 가을까지 샌프란시스코 하늘은 청명하다. 비 한 방울 없이 세 계절을 보낸다.

39 부두를 지나 페리 빌딩(Ferry Building)으로 가다 보면 잔디밭에 하늘 문(Sky Gate)이 있다. 에릭 호퍼(Eric Hoffer, 1902-1983)의 작품이다.

조각가 에릭의 부모는 프랑스와 독일 국경 지대에서 미국으로 이민 왔다. 에릭이 7살 때 어머니는 에릭을 안고 2층에서 떨어지는 사고를 당했다. 어머니는 죽고 에릭은 시력을 잃었다. 완전히 장님이 된 것이다. 그리고 8년이 흐른 다음 에릭이 15세 때 기적적으로 시력이 돌아왔다. 시력이 돌아왔지만 다시 시력을 잃을지도 모른다는 불안감에 싸였다. 에릭은 다시 시력을 잃기 전에 많은 책을 읽어야 하겠다는 생각에 도서관에서 도서관으로 전전해 다녔다.

시인이며 철학자인 에릭은 1951년부터 1983년 그가 세상을 떠날 때까지 많은 책을 집필했다. 로널드 레이건 대통령으로부터 받은 '자유 메달'

은 그가 받은 상 중에 가장 빛나는 메달이다.

에릭은 1943년부터 샌프란시스코 부두에서 노동자로 일했다. 일하면서 진지하게 글을 썼다. 『진실을 믿는 사람들』(1951), 『변화의 시련』(1963)과 같은 작품들이다.

21년간 부두에서 일하다가 1964년 부두를 떠났다. 그리고 얼마 지나지 않아 UC 버클리 대학 부교수가 되었다. 1970년 은퇴할 때는 그를 기리기 위하여 UC 버클리 대학에서 학생, 교수 및 직원에게 수여하는 'Lili Fabilli and Eric Hoffer Essay 상'을 제정하였다.

샌프란시스코 차이나타운의
하이라이트

부시 스트리트(Bush St.)와 그랜트 애비뉴(Grant Ave.) 사이에 있는 차이나타운 관문이다. 소위 '용의 문'이라고 부른다. 1969년 대만에서 선물한 문이다. 대문 현판의 '천하위공(天下爲公)'은 '천하가 누구의 사사로운 소유물이 아니다'라는 뜻으로 손문의 글귀이다. 김구 선생이 즐겨 쓰셨던 성어이기도 하다. 양쪽 작은 문에는 '충효인애신의화평(忠孝仁愛信義和平)'의 팔덕으로 손문의 삼민주의의 본질이 적혀 있다.

차이나타운에서 하루를 보내거나, 거리와 골목길을 탐험하고, 상점

을 둘러보고, 진정한 중국 음식을 즐길 수 있다. 관광객들이 금문교보다 차이나타운을 더 많이 찾아온다. 그랜트 애비뉴처럼 큰길로만 다니면서 구경하는 사람도 있고 골목만 돌아다니는 사람도 있다. 최선의 방법은? 둘 다 맞다.

샌프란시스코의 차이나타운은 북미에서 가장 오래된 차이나타운이며 아시아 외의 지역에서 가장 큰 규모의 차이나타운이다. 1848년에 설립된 이래로 북미 지역 중국계 이민자의 역사와 문화에 매우 중요하고 영향력이 있었다. 차이나타운은 자신의 관습, 언어, 예배 장소, 사교 클럽 및 정체성을 계속 유지하는 영토이다. 두 개의 병원, 수많은 공원과 광장, 우체국 및 기타 인프라가 있다. 최근 이민자들과 노인들은 저렴한 주택의 이용 가능성과 문화에 대한 친숙함 때문에 이곳에 살기로 결정했지만, 이곳은 주요 관광 명소이기도하여 매년 골든 게이트 브리지보다 많은 방문객을 끌어들인다.

차이나타운은 가장 인구 밀도가 높은 도시 지역이며 34,557명의 주민이 몰려 살고 있다. 차이나타운의 인구 밀도는 샌프란시스코 평균의 7배에 달한다. 평균 중간 연령은 50세로 어느 동네보다도 늙었다.

대부분의 거주자는 만다린어 또는 광둥어의 단일 언어 사용자이다. 차이나타운 거주자 중 14%만이 유창하게 영어를 구사하는 사람이다. 차이나타운의 인구는 중국 또는 아시아 사람이 93%에서 100%를 차지한다. 차이나타운에 살면서 돈을 벌면 리치몬드 지구, 선셋 지구 또는 교외 지역으로 옮겨 간다.

미국과 청나라 간의 관계는 1868년 벌링게임(Burlingame) 조약을 통해 정상화되었다. 이 조약은 중국인들의 미국 내에서 자유로운 이민과 여행의 권리를 약속했다. 미국은 중국을 값싼 노동력의 풍부한 원천으로 보고 조약의 비준을 축하했다.

화국주가 레스토랑

대문을 지나 두 번째 사거리 그랜트 애비뉴(Grant Ave.)와 캘리포니아 스트리트(California St.) 코너에 있는 화국주가(Cathay House) 레스토랑이다. 딤섬으로 유명하다. 중국인들 중에는 식당업에 종사하는 사람들이 많은데 하나같이 자기 식당을 갖는 게 소원이다. 돈을 벌어 꿈을 실현해 보기도 힘들지만 시작해서 성공하기는 더욱 어렵다. 그래도 성공하는 사람은 있기 마련이고, 식당으로 성공한 사람들의 꿈은 식당 건물을 짓는 것이다. 작게 성공한 사람은 작게라도 짓고 크게 성공한 사람은 크게 짓는다. 한 가지 공통점은 건물이 중국집 모양이 나야 한다는 사실이다. 화국주가의 주인은 크게 성공해서 중국

식 모양이 나게 레스토랑을 지었다.

차이나타운을 걸어 다니면 마치 중국의 어느 도시를 걷는 것 같은 느낌이다. 상점들이 다닥다닥 붙어 있고 복작복작하며 물건 가격이 매우 싸다.

올드 세인트 메리 교회

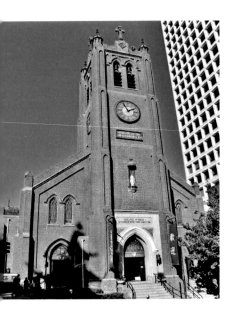

화국주가 맞은편에 올드 세인트 메리 교회(Old St. Mary's Church)가 있다. 캘리포니아 최초의 가톨릭 성당으로 1854년 12월 25일에 첫 미사를 올렸다. 1906년 지진에서도 살아남았고 대화재로 차이나타운이 모두 타 버린 가운데도 홀로 살아남았다. 건물의 벽돌은 남아프리카에서 배로 실어온 클링커 벽돌이다. 중국인들이 몰려오면서 이 지역이 매음굴로 변했다. 중국 여자들을 배로 실어와 매음업을 번창시켜 매춘녀가 1,800명이 넘었다.

성당 시계 밑에 '아들, 시간이 없다, 악에서 깨어나라'라는 성경 구절을 새겨 놓았다.

옛날 전화국

743 워싱턴 스트리트(743 Washington St.)에 위치한 옛날 전화국이다.

지금은 광저우 은행이지만 1945년 이전에는 유일한 전화국이었다. 전화국에는 전화교환원이 있어서 그가 연결시켜 주어야 통화가 가능했다. 차이나타운에서는 옛날이나 지금이나 많은 사람들이 겨우 방 하나 얻어서 살고 있기 때문에 주소가 매우 복잡하다. 전화교환원은 개개인의 주소를 알고 있어야 하고 여러 언어를 쓰는 중국인들을 상대하다 보니 칸툰, 만다린, 영어까지 해야 하는 어려운 직업이었다.

포츠머스 스퀘어

차이나타운 중심가에 있는 공원이다. 공원에는 할 일 없는 중국인들로 북적인다. 마치 서울의 파고다 공원을 연상케 한다. 노인들은 남의 눈은 의식하지 않고 자기 좋아하는 것만 한다. 놀음도 하고 춤도 추고 장기도 둔다.

이 공원은 1846년 5월 9일 USS 포츠머스(USS Portsmouth) 함장 몽

고메리 제독이 샌프란시스코에 상륙하여 성조기를 꽂고 이 땅이 미국 땅임을 선언한 역사적인 장소다.

『보물섬』의 저자인 로버트 루이스 스티븐슨은 그가 샌프란시스코에 거주할 당시 이 공원에 앉아 글을 쓰곤 했다.

중국 역사 사회 박물관

965 클레이 스트리트(965 Clay St.)에 위치한 중국 역사 사회 박물관 (The Chinese Historical Society Museum)이다.

중국 역사 사회 박물관은 샌프란시스코의 차이나타운 중심부에 위치해 있다. 역사적인 줄리아 모건이 디자인한 중국 YWCA 건물에 위

치한 이 박물관은 중국계 미국인 역사를 소개한다.

1800년대 후반과 1900년대 초에는 차이나타운의 골목은 도박과 매춘업소 및 아편굴이었다. 당시의 역사적 사료들을 박물관에서 구할 수 있다.

골든 게이트 포춘 쿠키 공장

로스 앨리(Ross Alley)에 위치한 골든 게이트 포춘 쿠키 공장(The Golden Gate Fortune Cookie Factory)이다.

골든 게이트 포춘 쿠키 공장은 이전에 '도박꾼의 거리'라고 불렸던 로스 앨리에 있다. 작은 공장은 수년 동안 매일 수천 개의 포춘 쿠키를 만들고 있다. 놀랍게도 공장은 너무 작다. 몇몇 숙녀들은 조립 라인에 앉아서 손으로 쿠키를 접고 채운다.

로스 앨리는 영화 〈Indiana Jones and Temple of Doom〉의 장면에 등장한 길이기도 하다.

틴 하우 템플

틴 하우 템플(The Tin How Temple)은 1852년에 설립된 미국에서 가장 오래된 중국 사원이다. 125 Waverly Place의 3층에 있다(엘리베이터가 없고 거리 번호는 보이지 않지만 거기에 있다). 이 사원은 선원들을 보호하고 중국 이민자들의 마음의 고향인 '천국의 황후(틴 하우)' 마즈 여신을 믿는다. 이 절은 틴 하우의 신선 외에 다른 중국 신들의 동상과 과일 제물로 가득 차 있으며 등불과 양초가 늘 켜져 있다. 그들은 사진을 찍지 말고 신에게 존경심을 가지고 행동할 것을 요구한다. 공짜지만, 작은 보시를 하고 가면 좋아한다. 사람들은 대통에 들어 있는 막대기를 흔들고 떨어지는 첫 번째 막대기의 메시지를 읽음으로써 예언을 구한다. 종종 답은 스님이 해석해야 하는 한문 시 구절이다.

미국에서는 음력 설을 중국 설이라고 해서 차이나타운에서 축제를 벌인다. 용을 앞세운 퍼레이드가 벌어지고 미스 차이나타운도 뽑는다.

추석에도 축제를 벌이는데 용 대신 '백사자 춤'이 등장한다. 중국인들은 추석에 월병을 먹는다.

그 외에 가 볼 만한 곳들

광동화포

1927년 차이나타운에 최초로 문을 연 꽃집이다. 3대째 이어 오고 있다. 주소는 118 Waverly Place이다.

The Great Star Theater

1925년에 개장한 중국 영화관이다. 처음에는 극장 이름을 Great China Theater로 했다가 1960년 The Great Star Theater로 개명했다. 옛날에는 중국 영화를 볼 수 있는 유일한 극장이었다. 지금도 중국 영화를 상영한다. 주소는 636 Jackson St.이다.

차이나타운의 장례식

중국인들은 장례식을 중요시하여 돈 좀 있는 중국인은 십여 명 정도의 밴드를 앞세우고 운구차가 따라가도록 한다. 이것이 전통적인 행사이다.

샌프란시스코에서
꼭 봐야 할 두 성당

돌로레스 선교 성당

샌프란시스코에서 가장 오래된 역사적인 건축물 돌로레스 선교 성당이다. 후니페로 세라(Junipero Serra) 신부가 이 지역 인디언들을 어둠에서 사랑의 빛으로 인도하기 위해 지은 성당이다. 미국이 독립을 선언하기 사흘 전 1776년 6월 29일 첫 미사를 올렸다. 당시만 해도 시에서 서류가 돌아 나오는 게 늦어져 공식 준공일은 1776년 10월 9일로 되어 있다.

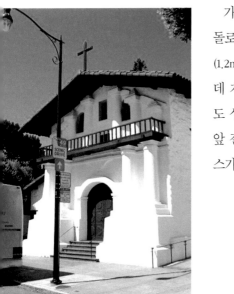

가로 22피트(6m), 세로 114피트(35m) 흙벽돌로 지은 건축물이다. 벽 두께가 4피트(1.2m)에다가 대들보와 서까래는 레드우드인데 자재가 모두 오리지널 그대로이다. 지금도 성당으로서 기능을 유지하고 있다. 성당 앞 길에는 언제나 관광객을 싣고 온 관광버스가 줄을 서 있다.

미국 서부 연안은 기후가 좋고 먹을 게 풍부해서 인디언들이 온순했다. 기독교 선교에 어려움이 없었던 이유이다. 샌프란시스코 지역에는 '오론' 인디언이 거주했는데 지역마다 언어가 달랐다.

돌로레스 선교 성당이 자리 잡은 이 지역이 샌프란시스코의 중심지였다. 그러나 1849년 캘리포니아에서 금이 발견되면서 인구가 급격히 늘어났다. 매일 수천 명씩 늘어나는 인구는 거의 배를 타고 들어왔다. 항만 쪽이 지금의 샌프란시스코 중심가로 변한 이유이다.

샌프란시스코 성모마리아 성당

성당 천장

일반적으로 샌프란시스코 성모마리아 성당으로 알려져 있다. 빛과 음향을 최대한 살리도록 설계되어 있는 성당으로 매년 많은 사람들이 찾아오는 최신식 성당의 표적이다.

동쪽 주춧돌에서 벽과 천

장을 거쳐 서쪽 주춧돌까지, 남쪽 주춧돌에서 북쪽 주춧돌까지 이어진 스테인드 글라스 유리창은 해가 떠서 질 때까지 빛의 향연을 연출하게 되어 있다. 신이 주신 거룩하고 장엄한 빛과 소리를 최대한 살려내고 있는 공간이다.

조셉 맥구켄(Joseph McGucken) 주교의 뜻에 따라 이 지역 출신 건축가 앵거스 맥스위니(Angus McSweeney), 폴 라이언(Paul Ryan), 존 리(John M. Lee) 세 사람이 캘리포니아 스타일을 최대한 가미해서 설계했다.

주교는 건축물을 좀 더 확실하게 하기 위하여 설계팀에다 두 사람을 더 합세시켰다. 이탈리아 출신 MIT 건축학 학장 피에트로 벨루스키(Pietro Belluschi)에게 디자인을 맡겼고, 로마에서 온 엔지니어 피에르 네르비(Pier-Luigi Nervi)에게 구조를 책임지도록 했다.

건축물은 1970년에 완공되었다.

만인의 정신적 지도자 교황 요한 바오로(Pope John Paul)께서 1987년 이 성당에서 집도했다.

샌프란시스코
재팬타운

1727 포스트 스트리트(1737 Post St.)에 위치해 있으며 미야코 호텔을 위시해서 쇼핑 센터가 형성되어 있다. 일본 의류에서 책에 이르기까지 다양한 물건을 파는 일본 상점들로 구성되어 있다. 많은 일본 식당들이 있어서 여러 음식을 즐길 수 있다. 일본 식당들의 대부분은 한인이 경영하는 식당이기도 하다. 재팬타운 길 건너에는 한국 식당과 중국 식당도 있다.

처음부터 이곳에 재팬타운이 형성되었던 것은 아니다. 흩어져 살던 일본인들이 1906년 대지진으로 도시가 폐허가 되고 재개발되면서 당시로서는 외진 이곳에 일본인들이 자리 잡았다. 일본인 인구가 늘어나면서 30개 블록을 차지할 만큼 커다란 커뮤니티가 형성되었다.

그러나 1941년 일본의 진주만 공격으로 분노한 미국 정부에서 일본인들을 강제수용소로 소개시키면서 이곳은 텅 비고 말았다. 세계 2차 대전이 끝나면서 다시 일본인들이 모여들었으나 규모는 1/10로 줄어들었다.

1960년대 일본 정부에서 재팬타운의 핵심인 평화의 광장을 중심으로 일본 영사관과 미야코 호텔을 지었다.

샌프란시스코에서 영화를 보기에 가장 좋은 곳은 재팬타운의 선댄스 가부키 영화 극장이다. 일반적으로 최고의 등급의 쇼와 훌륭한 독립 영화를 상영하는 특징이 있다. 극장은 최근에 개조되어 크고 편안한 좌석을 갖추고 안락함을 제공한다. 가부키 극장 중 일부는 발코니 지역에서 음식 및 음료 서비스(와인 및 맥주 포함)를 제공한다. 극장은 포스트 스트리트(Post St.)와 필모이 스트리트(Fillmore St.) 코너에 있다.

전통 있는 찹쌀떡집, 면강당

재팬타운에서 가장 오래된 찹쌀떡집 '면강당'이 있다. 1906년에 창업해서 지금까지 이어 오고 있다. 1906년 오카무라 씨가 개업하여 아들에게 전수하였고, 아들을 거쳐 손자에게 이어졌다. 오늘날 가업으로 전통을 이어 온 건 이 집 하나뿐이다. 하루에 300개가 넘는 찹쌀떡을 만든다. 일본인들은 설날에 모찌를 먹는 풍습이 있어서 설날에는 특별히 '가가미 모찌'를 만든다. 벚꽃 축제 때는 사쿠라 모찌를 만든다. 이 집이 일본인들의 만남의 장소로 이용되기도 한다.

코이트 타워의
빼어난 전경

샌프란시스코 텔레그래프 언덕(Telegraph Hill)의 개척자 공원(Pioneer Park)에 우뚝 서 있는 코이트 타워. 샌프란시스코 시청과 오페라 하우스를 디자인한 건축가 헨리 하워드가 디자인한 걸작이다. 바위 동산 작은 공간에 잘 어울리면서 간단명료하게 디자인했다. 동서남북 사방을 둘러볼 수 있는 텔레그래프 동산에 55m 높이의 타워를 세웠다.

금문교와 알카트라즈 섬이 한눈에 들어온다. 금문교가 잘 보이는 작은 동산에 1850년 59m 높이의 텔레그래프 세마포어(Telegraph Semaphore)를 지었다. 샌프란시스코 항으로 들어오는 배들이 무사히 입항할 수 있게 도와주는 수기 신호 시설이었다. 그 후 이 동산을 텔레그래프 언덕(Telegraph Hill)이라고 부르기 시작했다.

샌프란시스코 시에서 1876년 미국 독립 100주년 기념으로 텔레그래프 언덕을 '개척자 공원'으로 지정했다.

1929년 누구보다도 샌프란시스코를 사랑하던 부호 리리 히치콕 코이트(Lillie Hitchcock Coit) 여사는 유언으로 자신의 재산 중에 1/3을 시에 기부하면서 '내가 사랑하는 아름다운 샌프란시스코에 아름다움

을 하나 더 보태고 싶다'는 뜻을 전했다. 유산집행위원회에서 1933년 코이트 씨가 기부한 유산 중에서 100,000달러를 주고 텔레그래프 동산을 사들였고 이곳에 코이트 타워를 짓게 되었다.

코이트는 1851년 7살 때 군의관이었던 아버지를 따라 켄터키에서 샌프란시스코로 이주했다. 그녀는 어려서부터 유별나게 소방차에 관심이 많았다. 붉은 셔츠와 소방 헬멧을 쓰고 소방관들을 도와주곤 했다. 15세 되던 해에 텔레그래프 언덕에 불이 났고 소방관들은 일손이 부족했다. 그녀는 책가방을 내던지고 소방차를 타고 현장으로 달려가 호수로 물을 대 주는 일을 거들었다. 소방 헬멧이 머리에 잘 맞게 하기 위해 머리를 짧게 잘랐다. 소방차 제조 회사에서는 그녀를 마스코트로 쓰기로 했고, 소방관들 퍼레이드나 축하연에는 그녀를 빼놓을 수가 없었다. 그녀는 부동산으로 거부가 되었고 샌프란시스코에서 존경받는 인물이 되었다.

리리 히치코크 코이트(1843~1929년)

세계에서
가장 꼬불꼬불한 길

샌프란시스코에는 누구나 차를 운전하면서 지나가고 싶어 하며, 누구나 사진 찍기를 원하는 유명한 길이 있다. 롬바드 스트리트(Lombard St.)가 바로 그 길인데 가파른 1블록 섹션이다.

연간 약 2백만 명의 방문객과 하루에 최대 1만 7천 명의 관광객을 수용하는 주요 관광 명소다. 꼬불꼬불한 길에는 8개의 날카로운 회전이 세계에서 가장 꼬불꼬불한 길이라고 알려져 있다.

부동산 소유주인 칼 헨리(Carl Henry)가 처음 제안하고 1922년에 건축한 이 길은 대부분의 도로에 비해 너무 가파른 언덕인 27도 경사를 줄이기 위해 설계된 길이다.

비뚤어진 블록을 직선으로 하면 125m인 길을 여덟 번 곡선으로 만들면서 180m로 길어지게 됐다. 붉은 벽돌로 포장되어 있으며 시속 5마일(시속 8㎞)을 추천한다. 차를 타고 이 길을 지나가고 싶어 하는 사람들 때문에 시간당 약 250대의 차량을 볼 수 있으며 평균 일일 교통량이 3,000여 대에 이른다.

종종 이 길은 영화의 한 장면으로 등장하는데 〈Good Neighbor

Sam〉과 〈What's Up, Doc.〉를 포함하여 여러 영화에서 보여 주었다. 롬바르드 스트리트의 과거 거주자로는 인상주의 스타일 그림을 그렸던 초기 캘리포니아 화가인 로위나 믹스 앱디(Rowena Meeks Abdy)가 있다. 오늘날, 아트 유니버시티 아카데미(Art University Academy)는 주택용이지만 이 길가에 스타 홀(Star Hall)이라는 건물을 소유하고 운영한다.

도로 아래 위 양 끝에는 늘 사진 찍는 사람들로 붐빈다. 주변 거주민들이 언제나 깨끗하게 청소해 놓고, 시에서는 정성들여 꽃을 가꾸고 꾸준히 홍보한 결과 아무것도 아닌 길 하나를 보기 위해 많은 관광객이 세계에서 몰려온다. 카운티 교통국은 롬바르드 스트리트에 관광객이 너무 많아서 예약제나 요금 징수를 활용하는 방안을 검토 중이다.

샌프란시스코는 늘 바람이 불고 쌀쌀한 편이다. 맑고 더운 날도 바람 재킷 정도는 들고 다니는 것이 좋다. 롬바르드 스트리트를 관광한 다음 가까운 노스 비치로 걸어가다가 아이리시 펍에 들러 아이리시 커피 한잔 할 것을 권한다.

알카트라즈 섬

    알카트라즈 섬(Alcatraz Island)은 샌프란시스코 민에 위치히고 있는 작은 섬으로 등대, 군사 요새화, 군사 교도소(1828), 1934년부터 1963년까지 연방 교도소 시설로 개발되었다. 1972년 알카트라즈는 국가 레크리에이션 지역의 일부가 되었고 1986년에 국립 역사적인 랜드 마크로 지정되었다.

    1775년 스페인 탐험가 후안 마누엘 디아즈(Juan Manuel de Ayala)가 샌프란시스코 만으로 항해하면서 펠리컨(Pelican) 새가 많은 것을 보고 바위섬을 펠리컨이라고 명했다. 알카트라즈는 스페인 버전으로 펠리컨이라는 뜻이다.

섬 중앙에 우뚝 서 있는 등대는 1854년 서부 지역에서는 처음으로 세운 등대다. 미군 기지로 사용하던 중 1915년 군 형무소를 지었고 미군이 섬에서 철수한 후에는 1934년부터 연방 교도소로 활용했다. 지금은 디지털 문명이 발달해서 범죄자들을 감시하기가 용이하지만 1900년대만 해도 중범죄자들의 탈옥을 막는 게 쉬운 일이 아니었다. 알카트라즈 섬은 주변이 절벽으로 되어 있고 바닷물이 수영할 수 없으리만치 차가워서 탈옥이 불가능한 천혜의 조건이 갖춰진 교도소로 알려졌다.

1963년에 폐쇄된 교도소는 현재 관광 명소로 각광받고 있다. 섬에는 부두가 하나밖에 없으며 부두와 건물들은 1854년에 건설해놓은 그대로 보존되어 있다.

미 육군이 주둔하면서 옛날 화포를 설치하기 위하여 부두와 길을 닦아 놓았다. 높은 파수대가 있는데 연방 정부가 교도소로 활용할 당시 세워 놓은 망루다. 군 형무소로 사용할 때 지은 건물과 교회도 있다.

연방 정부가 교도소로 운용하면서 현대식으로 가운데 복도를 두고 양쪽에 2층으로 감방을 늘어놓았다. 알카트라즈 교도소는 아주 작은 교도소로 수용 인원이 280명에 불과하다. 그러나 한번 이곳에 수용되면 다른 곳으로 갈 수 없다. 탈옥 경험이 있거나 탈옥 위험이 있는 죄수들이 이곳에 수용됐다.

일인용, 이인용, 삼인용 방이 있고 감방에서는 선배가 새로 들어온 후배에게 생활 요령을 가르쳐 준다. 몰래 변기 속의 물로 빨래하는 방법, 변소 휴지로 불을 만드는 방법, 잡지 종이로 무기를 만드는 방법 등.

알카트라즈의 죄수들은 마약범, 살인범, 강간, 납치, 세금 탈루, 은행 강도, 갱단 등 중범들만 있었다. 너무나 잘 알려진 갱단 두목 알카포네에 관한 일화가 있다. 그가 알카트라즈로 이송될 때 그의 부하들의 구출 작전이 두려웠던 경찰들은 그를 승용차에서 내리지도 못하게 하고 차를 배에 실은 채 섬으로 갔다. 알 카포네는 형을 다 살고 폐인이 되어 출옥했다. 플로리다에서 살다가 중풍으로 사망했다.

현재 미국은 세계에서 교도소 인구가 가장 많은 국가이다. 2015년 통계를 보면 다음과 같다.

국가	인구 100,000명당 재소자 수(명)	총 재소자 수(명)
미국	655	2,121,600
러시아	402	582,889
캐나다	114	41,145
프랑스	104	70,710
일본	41	51,805
한국	109	55,198
중국	118	1,649,804

국가별 재소자 수

알카트라즈의 탈옥 사건

알카트라즈 감옥은 특수 감옥이다. 감옥이 섬으로 되어 있고 바닷물 수온이 낮아서 헤엄쳐 나갈 수가 없는 데다가, 바다에는 식인 상어가 있다는 전설이 전해진다. 아무도 탈옥을 꿈꿀 수 없는 철옹성 같은 감옥이다.

처음부터 알카트라즈 감옥에서 수감 생활을 시작하는 죄수는 없다. 타 지역 감옥에서 문제를 일으킬 경우, 즉 탈옥을 시도했다든가 감옥의 규율을 무시했다든가 폭력적이라든가 할 경우 알카트라즈 감옥으로 이송된다. 죄수 중에서도 말썽꾸러기들만 모아 놓은 곳이어서 유명세를 탄다. 알카트라즈는 죄수들을 교화시키는 교도소가 아니라 벌을 주는 진짜 감옥인 것이다.

1934년부터 1963년까지 29년 동안 1,545명의 죄수가 거쳐 갔다. 1년에 평균 260명 정도가 수감되어 있었는데 여자 죄수는 한 명도 없었다.

죄수 3명당 교도관 1명의 비율로 감시가 철저했었지만 29년 동안 14번의 탈출 사건이 발생했다. 대부분 탈출하다가 총에 맞아 죽거나 붙잡혀 돌아왔으며 인질극을 벌이면서 대치하다가 사살되거나 잡혀서 사형당했다.

그러나 1962년 6월 11일의 탈출 사건은 지금까지 미스터리로 남아 있다. 원래 감방은 침대, 변기, 세면기가 있을 뿐이다. 콘크리트로 되어 있는 작은 통풍 구멍을 무엇으로 얼마나 걸려서 넓게 뚫었는지 아무도 모른다. 숨겨 들어온 숟가락으로 시멘트를 긁어 내지 않았을까 짐작할 따름이다.

1962년 6월 11일 밤, 프랭크 모리스(Frank Morris)와 존 앵글린(John Anglin), 클래런스 앵글린(Clarence Anglin) 형제는 알카트라즈 감옥 역사상 최초로 탈출에 성공하여 어디론가 가 버리고 말았다.

비누와 시멘트로 자신의 얼굴을 만들어 채색한 다음 담요로 감싸서 침대에서 자고 있는 것처럼 위장해 놓고 한밤중에 기어나가 가스 파이프를 타고 지붕으로 올라간 다음 밖의 굴뚝을 타고 다시 내려갔다. 바위 절벽을 내려가면 해변이다. 우비로 튜브처럼 만들어 타고 바닷물을 건너갔다. 그날 밤 이후로 그들은 다시 볼 수 없다.

프랭크 모리스는 1926년생으로 워싱턴 D.C.에서 태어났다. 그는 어린 시절을 소년원에서 보냈다. 13세부터 교도소에 드나들기 시작했는데 급기야 권총 강도로 체포됐다. 1960년 타 교도소에서 알카트라즈 감옥으로 이송되었다. 오자마자 탈출할 궁리를 모색하다가 세 사람 동지를 구했다. 존 앵글린과 그의 동생 클래런스 앵글린 그리고 앨런 웨스트(Allen West)였다.

존 앵글린은 1930년생으로 조지아 주 도널슨빌에서 출생했다. 농장일과 노동일을 전전하다가 동생 클래런스와 함께 은행 강도에 연루되어 20년 징역형을 받고 플로리다 교도소를 비롯한 여러 교도소를 옮겨 다니다가 1960년 알카트라즈 감옥으로 이송됐다. 그다음 해인 1961년 동생 클래런스도 알카트라즈에서 합류했다.

거사 날 공교롭게도 앨런 웨스트는 취사 당번에 걸려 사역장으로 가야 했기 때문에 같이 탈출하지 못했다.

탈출 작전은 긴 시간이 걸리는 매우 치밀하고 힘든 작업이었다. 2년도 더 넘게 모리스와 앵글린 형제는 살아 있는 것 같은 모형을 만들어야 했고 훔친 쇠붙이로 콘크리트 구멍을 긁어내야 했다. 긁어내는 동안 한 사람은 망을 봐 줘야 했고 긁어낸 시멘트 가루는 주머니에 넣어 운동장에 나가 남 몰래 바닥에 뿌렸다.

모리스, 웨스트, 앵글린 형제 4인은 1962년 5월 말경에 구멍을 넓히는 작업을 완료했다. 그리고 드디어 6월 11일 화요일 밤 알카트라즈 감옥을 탈출하는 데 성공했다.

탈출하고 난 다음 날 아침 교도관이 죄수들 잠을 깨우다가 모형 얼굴이 침대에 있는 것을 보고 죄수가 도망간 것을 알게 되었다. FBI는 일찍이 경험해 보지 못한 광범위한 탈출자 수색을 펼쳤으나 찾아내지 못했다. 후일 바닷물 건너 해변에서 우비로 만든 구명보트를 발견했고, 그 속에 방수처리 된 가방이 있었는데 앵글린의 소지품들이었다. FBI는 시체가 물에 가라앉아 떠오르지 않을 수도 있다고 했다. 세 사람이 샌프란시스코 만을 건너 해변으로 갔을 확률은 매우 적다. 그들한테 강도를 당한 사람도 없고, 자동차를 도둑맞은 사람도 없다. 결국 1972년 12월 31일, 그때까지 살아 있을 수 없다 해서 케이스 종결을 선언했다.

탈출 사건이 벌어진 그다음 날 자신이 존 앵글린이라고 하는 사람이 샌프란시스코의 어느 변호사 사무실로 전화를 걸어와 법무관을 만나게 주선해 달라고 하였으나 변호사가 그렇게 할 수 없다고 대답했더니 전화가 끊겨 버렸다.

동생 클래런스 앵글린 역시 탈출한 이후 행방을 알 수 없다. 다만 남미 아르헨티나에서 클래런스가 서명한 엽서가 친척한테 배달된 일이 있다. 엽서는 FBI에 보고됐다.

알라모 스퀘어와
빅토리안 하우스

    알라모 스퀘어(Alamo Square) 파크는 샌프란시스코 다운타운이 내려다보이는 언덕에 자리 잡고 있으며(Fulton St. x Divisadero St.), 주변에는 빅토리안 페인티드 레이디스(Victorian Painted Ladies)를 비롯하여 건축학적으로 독특한 저택이 많다. 다채롭게 칠해진 빅토리안 스타일 집들은 포스트카드의 모티브가 된다. 고독한 미루나무(스페인어로 Alamo)의 이름을 딴 알라모 힐은 1800년대 미션 돌로레스에서 프

빅토리안 페인티드 레이디스(Victorian Painted Ladies)

레시디오까지 말을 타고 가는 길에 있는 물웅덩이였다. 1856년 제임스 반 네스(James Van Ness) 시장은 물웅덩이를 둘러싼 12.7에이커(5.1핵타르)의 공원을 조성하여 알라모 스퀘어를 만들었다.

샌프란시스코에서 가장 유명한 빅토리안 페인티드 레이디스는 스타이너 스트리트(Steiner St.)의 공원 건너편에 있다. '페인팅된 숙녀(Painted Ladies)'란 무엇인가? 빅토리안 양식 주택이 '페인팅된 숙녀'로 간주되며 스타이너 스트리트의 세븐 시스터즈(Seven Sisters)로 불린다.

윌리엄 웨스터 펠트 하우스, 대주교 저택, 1900년대 초 러시아와 독일 제국 영사관의 거주지, 빅토리안 페인티드 레이디스 맞은편에 대각선으로 있는 저택 등 공원 주변에는 건축학적으로 중요한 저택이 많이 있다. 1984년 알라모 스퀘어는 역사 지구로 지정되었다.

노스 비치
샌프란시스코

    이탈리아의 작은 매력, 바와 레스토랑 그리고 밤 문화가 어우러진 지역이다.

    노스 비치 샌프란시스코(North Beach San Francisco) 지역은 활기차고 다채로운 지역으로 코이트 타워, 워싱턴 스퀘어 파크 및 수십 개의 이탈리아 레스토랑을 찾을 수 있다. 이 지역은 '리틀 이탈리아'라고 불

릴 정도로 이탈리아 이민자들이 집중되어 있다. 노스 비치는 활기찬 밤 문화를 가지고 있어서 뮤지컬 코미디 〈비치 블랭킷 바빌론(Beach Blanket Babylon)〉의 공연을 듣고 지역 코미디 클럽에서 국제적으로 인정받는 개그맨의 우스갯소리를 들어 넘기기도 하고, 히피처럼 자유로운 영혼의 소유자 잭 케루악(Jack Kerouac)이 되어 거리를 헤매다가 어느 술집에서 한잔 마실 수도 있다. 콜럼버스 애비뉴를 따라 줄지어 서 있는 멋진 부티크 상점도 있다.

비치도 아니면서 노스 비치란 이름이 붙은 건 1840년대 샌프란시스코가 형성되던 시절에는 이곳이 북쪽 끝자락에 있는 비치였기 때문이다. 개발 붐이 일어 비치를 메우고 항만을 만들면서 이 지역이 육지화되었다. 이탈리아에서 이민 온 사람들이 부둣가에 몰려 살아서 이 지역은 이탈리아화되었다. 이탈리아인들도 2세, 3세로 넘어가면서 성공한 자식들은 이곳에서 살지 않고 더 좋은 곳으로 이사해 나갔다. 부모의 유산인 부동산을 팔고 다른 곳으로 떠난다.

지금도 그렇지만 부동산을 내놓기만 하면 중국인들이 사들이는 것이다. 빠른 속도로 차이나타운화되어 가고 있다.

노스 비치 페스티벌

6월에 샌프란시스코로 여행한다면, 노스 비치 페스티벌을 보아야 한다. 이 축제는 샌프란시스코에서 가장 큰 축제 중 하나이며 그만큼 볼거리도 많다.

축제에는 수백 명의 예술가, 음식, 라이브 엔터테인먼트가 있고, 맥주 정원 등을 전시한다. 이 축제는 국제적으로 인정받는 축제여서 놓치면 후회할 것이다.

워싱턴 스퀘어 파크

노스 비치의 중심은 아름다운 워싱턴 스퀘어 파크다. 역사적인 공원은 도시에서 가장 오래된 3개의 공원 중 하나다. 화창한 날, 공원은 매우 활동적이다. 커피를 한 잔 마시고 여기서 시간을 보내는 것도 재미있다. 공원에는 여러 레스토랑과 카페가 있다.

필버트 스트리트(Filbert St.)의 콜럼버스 애비뉴(Columbus Avenue) 동쪽 블록에 성 피터와 폴 성당이 있다. 1924년에 지어진 큰 이탈리아 성당이다.

노스 비치 샌프란시스코는 유명한 야구 선수 조 디마지오의 고향이다. 디마지오와 마릴린 먼로가 사랑 도피를 했다가, 샌프란시스코 법원에서 결혼식을 올렸다. 그 후 그들은 결혼사진을 찍기 위해 바로 이곳 성 피터와 폴 성당을 찾았다.

아름다운 성당이므로 노스 비치를 관광하는 길에 들러 볼 만한 가치가 있다.

인간의 마지막 선택

미국에서 자살하는 사람들이 가장 선호하는 장소로 샌프란시스코 금문교를 꼽는다. 80년 역사를 가진 다리에서 1937년 다리 개통 이후 2012년까지 찾아낸 시체만 1,600구에 이른다.

다리에서 뛰어내려 살아 나온 사람은 아무도 없다. 다리 높이는 조수에 따라 차이가 있는데, 해수면에서 220~245피트(67~75m)이다. 여기서 떨어지는 데 걸리는 시간은 4초다. 121㎞/h의 속력인 것이다. 차가운 바닷물에 부딪히는 건 트럭이 콘크리트 벽에 부딪히는 것과 같은 충격이다. 뛰어내린 사람 중에 목숨을 부지한 26명을 건져냈으나 심한 부상(정신 붕괴 현상)으로 죽거나 식물인간이 되었다.

최근에는 다섯 명의 다리 순찰 경찰관이 상시 근무하고 있어서 단속이 잘 이루어지고 있다. 2017년 자살 위험자 245명을 구출해 냈다. 그러나 그중에 33명은 결국 자살하고 말았다.

2019년에 드디어 자살 방지 그물 설치 공사를 시작했다. 그물 설치는 2021년에야 완공될 예정이다.

금문교가 개통되고 3달 만에 최초의 자살 사건이 일어났다. 세계 1차 대전 참전 용사 해럴드 와버가 휴가차 샌프란시스코를 방문했다가 다리에서 뛰어내린 것이다. 가장 어린 자살자는 5살 먹은 마리린 디몬트라는 소녀. 1945년에 소녀는 아버지 어거스트 디몬트와 함께 다리 중간에서 멈췄다. 다리 난간에 서 있는 딸에게 아버지는 뛰어내리라고 외쳤다. 소녀가 뛰어내리는 것을 확인하고 어거스트도 몸을 던졌다. 그가 세워 놓은 차 속에서 메모지가 발견되었다.

1945년 샌프란시스코 《The Examiner》 기사

"나와 내 딸은 자살했습니다(I and my daughter have committed suicide)."

세계에서 자살자가 가장 많은 다리는 중국 난징에 있는 양쯔강 다리다. 금문교는 두 번째로 자살자가 많은 다리이고 세 번째는 일본 후지산에 있는 아오끼가하라 숲이다.

순위	국가	10만 명당 자살자 수 (단위: 명)	집계 연도 (단위: 년)
1	그린란드	162	2011
2	리투아니아	77	2013
3	기니	52	2006
4	카자흐스탄	52	2008
5	대한민국	48	2017
15	일본	33	2017
28	미국	27	2016

자료 출처: 위키피디아(Wikipedia the free encyclopedia)

참고로 한국의 자살률은 전 세계 5위, OECD 국가 중 1위이다.

2005년 3월 11일 샌프란시스코에 거주하는 케빈 베르티아(당시 21세)가 금문교 난간에서 뛰어내리려는 순간 고속도로 순찰대 경찰관에게 발견되어 1시간에 걸쳐 설득을 당한 결과 구조되었다. 지금은 결혼해서 두 아이의 아버지가 되었고 행복한 가정을 이루고 있다. 베르티아의 어머니는 지난 세월 아들을 구해 준 경찰관 브리그를 위하여

기도 드린다고 했다.

2013년 5월 12일 미국자살방지기구의 주선으로 베르티아와 경찰관 브리그가 다시 만났다. 경찰관 브리그는 베르티아를 처음 만나면 어떤 느낌이 들까, 나의 반응은 어때야 하나, 이런 염려를 했다. 하지만 막상 그를 보는 순간 손을 잡고 흔들면서 평생 알고 지낸 사람 같은 느낌이 들었다고 한다. 의심의 여지없이 오래된 친구를 만난 것 같았다. 베르티아는 "당시 경찰관 브리그가 나를 제지하는 걸 싫어했었는데 지금 생각하면 그때 그의 말을 듣길 잘했다. 당신은 내게 새로운 삶을 주었다. 정말 만나서 기쁘고 고맙다. 브리그가 날 도와준 것처럼 우리 모두 병들어 아파하는 사람들을 도와주기 바란다. 도움을 받으면 그들도 나처럼 행복해질 것이다"라고 말했다.

마켓 스트리트의
특징

　샌프란시스코의 중심 도로 마켓 스트리트(Market St.)는 서울의 종로처럼 길게 뻗어 있고 늘 사람들로 북적인다. 어느 거리와 마찬가지로 길 이름이 표시판에 적혀 있는 것은 같으나 사거리마다 인도교 바닥에도 동판에 길 이름을 새겨 놓았다. 이유는 1906년 샌프란시스코에서 발생했던 대지진이다. 지진이 일어났을 때 도시는 다 허물어졌고 길 표시판도 다 없어졌다. 시민들은 어디가 어딘지 분간할 수 없었다. 그와 같은 상황이 다시 벌어지더라도 누구도 자신의 위치가 어디인지 알아볼 수 있게 인도교에 동판으로 길 이름을 새겨 놓은 것이다.

　또 다른 마켓 스트리트의 명물은 오래된 전차가 운행되는 모습이다. 서울에서 1950~1960년대에 있었던 전차가 이곳에서는 여전히 달리고 있다. 특이한 것은 전차마다 모양과 색깔이 다르다는 점이다. 빨간색, 노란색, 녹색(이탈리아), 흰색, 파란색 등 다양하다. 이탈리아, 프랑스, 보스턴 등지에서 더 이상 운행하지 않는 전차들을 이곳으로 가져와 그 색깔 그대로 운행하는 것이다. 관광객들이 자신이 사는 지역에서 친숙했던 전차를 이곳 샌프란시스코에서 만나면 얼마나 반가워할까를 염두에 둔 조치이다. 관광객들에게 향수를 느끼게 하겠다는 심산에서다. 요금은 저렴하며 노인은 더 싸다. '갈아타는 표'도 요구하면 2시간 이내에 언제든지 갈아탈 수 있다. 왕복도 할 수 있다.

포인트 요새

　금문교 바로 밑에는 붉은 벽돌로 지은 역사적 건축물 포인트 요새 (Fort Point)가 있다. 포인트 요새는 1861년에 지은 군사 시설물이다. 남북전쟁 이전에 지은 건물로 형태가 그대로 남아 있는 유일한 건물이다. 벽돌과 화강암으로 완벽하게 지은 마지막 군 요새로 샌프란시스코로 들어오는 적 함대를 공격하기 위하여 항만 초입에 세웠다. 그 당시에는 대포 사정거리가 짧아서 바다 수위와 같은 위치에서 공격해야 적함을 명중시킬 수 있는 관계로 요새를 바다로부터 겨우 7m 높이에 건설하였다. 적의 함포로부터 파괴되지 않도록 하기 위해 벽돌과 화강암으로 된 벽 두께가 무려 3m로 되어 있다. 1861년 요새가 완공된 지 불과 2달 만에 남북전쟁이 발발했다.

　육군은 요새에 대포 102문을 설치했다. 8인치, 10인치 포신에 24파운더, 32파운더, 42파운더를 준비해 놓고 매일 실전 연습을 게을리하지 않았다. 그러나 포인트 요새에서는 남북전쟁 동안 단 한 발의 포탄도 발사해 보지 못하고 전쟁이 끝났다.

　전쟁 무기의 발달로 포인트 요새는 기능을 상실했다. 1890년 드디어 요새를 폐쇄하고 말았다. 30년 동안 단 한 발도 쏘아 보지 못하고

기지를 닮은 것이다.

미국에는 요새가 5군데 있는데 1812년에 지은 뉴욕 항구의 우드 요새(Fort Wood), 1808년에 지은 뉴욕의 클린턴 성(Castle Clinton), 1829년에 지은 사우스 캐롤라이나의 섬터 요새(Fort Sumter: 최초의 남북전쟁 발포 지점), 1870년에 세워진 플로리다 남쪽 섬의 제퍼슨 요새(Fort Jefferson)다. 서부에는 샌프란시스코의 포인트 요새가 유일하다.

술과 음악 그리고
낭만이 흐르는 소살리토

소살리토(Sausalito)는 샌프란시스코 골든 게이트 브리지 북쪽 끝에 위치해 있다. 소살리토는 제2차 세계 대전 당시 조선소로 급속히 발전했으며, 전후에 부유한 그림 같은 주거 지역으로 또는 많은 수의 하우스 보트로 발전하면서 관광지로 명성을 얻었다. 인구가 겨우 7천 여 명에 불과하다.

뭐니 뭐니 해도 소살리토의 자랑은 아름다운 경치다. 샌프란시스코가 한눈에 보이는 천혜의 경관을 가지고 있다. 당연히 부자들이 모여 산다.

지중해의 작은 도시 분위기를 연출하는 소살리토를 프렌치 리비에아(French Riviera) 같다고들 한다. 도시 아무데서나 샌프란시스코 경관을 바라볼 수 있다. 독특한 오픈 에어 카페(Open air cafe)가 많고 대부분이 경치를 자랑하는 레스토랑이다. 뮤지션들이 늘 북적대서 라이브 뮤직을 즐길 수 있는 곳이다.

80년 전, 캘리포니아 정부에서 짧은 기간 동안 물 위에 집을 짓게 허가를 내 준 적이 있다. 지금은 금지되어 있지만 그때 지은 수상 가옥으로 버클리 부둣가에 있는 12채 그리고 소살리토의 몇몇 집만 남아 있다. 앞으로는 더 지을 수 없다. 그 옛날 한국에서 즐겨 듣던 노래 「The Dock of The Bay」. 이 노래는 1967년 오티스 레딩(Otis Redding)이 이곳 수상가옥에 세 들어 살면서 작곡해서 히트 친 노래라고 주민들은 자랑스럽게 이야기한다.

낮에는 관광객들로, 밤에는 샌프란시스코에서 놀러온 젊은이들로 붐비는 카페, 술집과 음악 그리고 낭만이 흐르는 작은 도시다.

매년 1월에서 3월 사이에 청어 떼가 소살리토 근해에 몰려온다. 청어를 먹으러 펠리컨도 몰려든다. 원래는 펠리컨이 한두 마리 정도 있는 게 보통인데 청어를 먹으려고 수백 마리가 몰려 왔다. 연락선 선착장에 물개들도 몰려 있다. 모두 청어 먹잇감 때문에 몰려 온 것이다.

갈매기도 왜가리도 다 신이 났다. 하다못해 사람들도 청어를 그물로 잡고 있다. 중국인 그물잡이는 연상 그물을 던져 청어를 잡아내고 부인은 자루에 담아 차로 가져간다. 그물잡이 말로는 청어가 몰려오기는 왔는데 언제 이 지점에 밀어 닥칠지는 아무도 모른단다. 오늘은 운이 좋게 청어가 이곳에서 떠나지를 않고 몰려다니고 있단다.

아침부터 그물을 던지는데 한 번에 많게는 열댓 마리 적게는 서너 마리를 건져 올린다. 대략 15~20㎝짜리 청어다.

캘리포니아 와인의 본고장
나파 밸리

    세계적으로 유명한 와인 지역인 나파 밸리는 캘리포니아에서 가장 인기 있는 관광지 중 하나다. 매년 3백만 명이 넘는 방문객이 드나들며 여름 주말에는 도로가 꽉 막힌다. 피크 시즌은 9월과 10월이지만 봄은 봄대로, 여름은 여름대로 멋이 살아 있다.

나파 밸리는 지중해성 기후다. 여름은 따뜻하고 덥고 맑은 낮과 시원한 밤 날씨가 이어지며 비가 거의 내리지 않는다. 겨울은 온화한 날씨와 때로는 밝고 맑은 날과 가끔 서리가 산재해 있는 비가 특징이다. 겨울이라고 해도 눈은 안 온다.

와인 투어와 시음회를 즐기려는 사람들이 나파 밸리를 찾는다. 좋아하는 와인이 포도에서 병으로 어떻게 만들어지는지 보고 싶은 마음이 나파 밸리를 방문하게 하는 원동력이다.

나파 밸리에는 400개가 넘는 와이너리(포도 양조장)가 있다. 각각 고유한 스타일과 양조 과정, 맛과 향이 다른 역사적 와인너리들이 계곡에 즐비하다. 잊을 수 없는 와인 시음회, 멋진 풍경, 와인 저장고와 동굴의 숨겨진 투어를 즐길 수 있다. 와이너리의 95%는 가족 소유로 운영되고 있어서 거의 모든 장소가 집처럼 느껴질 것이다. 어느 와이너리를 방문할 것이냐는 중요하다. 어떤 와이너리는 너무 작고, 어떤 와이너리는 매일 방문할 수 있는 손님의 수를 제한하고, 어떤 와이너리는 특정 시간에만 열기 때문이다. 그렇다고 해서 걱정할 필요는 없다. 와이너리가 자그마치 400개나 되니까.

나파 밸리의 와이너리 방문은 시작에 불과하다. 그 외에도 즐길 것이 많다는 것을 방문객들이 금세 발견하게 될 것이다. 호화로운 리조트, 매력적인 침대와 아침 식사 제공, 뜨거운 열기구, 나파 밸리 자전거 투어가 있다. 나파 밸리 와인 열차, 온천 목욕, 칼리스토가의 진흙 목욕을 즐길 수도 있다.

경제 성장과 맥을 같이해 온 캘리포니아 와인 산업은 도약의 도약을 거듭해 왔다. 초창기 유럽에서 이민 온 사람들이 기후와 토양이 포도 재배에 적합한 나파 밸리에 포도를 심으면서 와인 산업을 시작했다. 와인 농장은 주로 가족 단위로 이루어지기 때문에 집안의 명예를 걸고 성장해 나갔다.

Sebastiani, Benziger Family, Charles Krug, Beringer, Robert Mondavi 등 무려 400여 개가 넘는 포도 농장이 와인을 생산하고 있다. 포도 농장은 기계화가 불가능해서 모두 수작업으로 해야 한다. 밭에서 일하는 일꾼들은 거의 다 멕시칸들이다.

묵은 가지는 다 처 내고 새싹은 아직 나오지 않은 이른 봄철이면 포도 넝쿨 사이로 유채꽃이 만발하다.

나파 밸리에서는 매년 1월 말부터 3월 말까지 유채꽃 축제를 벌인다. 매 주말마다 각기 다른 이벤트가 벌어지는데 '와인 기차 식당', '거대한 풍선 타고 하늘 날기', '전신 머드욕' 등 다양한 이벤트에 마지막으로 '사진 콘테스트'가 있다. 유채꽃을 미국에서는 겨자꽃(Mustard)이라고 부른다. 축제 이름도 '겨자꽃 축제(Mustard Festival)'라고 한다.

관광 투어를 선택해서 다녀올 수도 있고, 인원이 많으면 직접 운전해서 다녀올 수도 있다. 주말에는 차량이 많아서 주중에 방문하는 게 훨씬 편하고 챙겨 보기도 쉽다. 오리지널 29번 국도를 피해서 실버라도 트레일(Silverado Trail)을 따라가는 게 좋다. 가는 곳마다 새 포도밭이 끝없이 이어진다.

사실 1970년대만 해도 콧대 높은 불란서에서 캘리포니아 와인은 인정을 해 주지 않았다. 맛이 다르다는 이유에서다. 그러나 나파에 있는 와인 농장들이 프랑스산 흰참나무를 불에 구워 술통을 만들고 프랑스산 코르크로 술통 마개를 만들어 프랑스와 똑같은 제조 과정을 거침으로써 부정적 시각을 지워 버렸다. 지금은 세계적으로 인정받는 캘리포니아 와인이 된 것이다.

캘리포니아 와인이 인정을 받음과 동시에 세계적으로 와인 붐이 일어나 수요가 급증했다. 나파 밸리에서 생산하는 와인으로는 수요를 감당할 수 없게 되자 지금은 캘리포니아 전역에서 와인에 쓰일 포도 농장을 볼 수 있다.

와인 맛은 그해에 생산된 포도 맛에서 좌우된다. 1972년은 가뭄으로 인해서 포도 생산도 적었고 포도 당도가 높았다. 1972년산 잉글누크 캐비넷 세비뇽은 제한된 병수만 생산되었고 그 가격이 매우 높다. 1974년산 찰스 크러 캐비넷 세비뇽 역시 맛과 향이 특이해서 가격은 말할 수 없다.

캘리포니아 와인들이 인기가 높다 보니 가격이 만만치 않다. 나파 밸리에서 유명한 로버트 몬다비 와인은 백악관 만찬장에만 올라갈 정도다.

카리스토 길을 거의 다 지나면 실버 로스(Silver Ross) 와인 시음장이 있다. 1백 년이 넘은 와이너리라고 자랑하면서 시음잔을 건넨다.

실버 로즈 와인너리에서는 로고를 레벨 대신 병에 직접 새겨 넣었다. 주문 생산도 하는데 예를 들어 스탠포드나 UC 버클리 대학 로고를 병에다가 새겨 넣어주기도 한다. 학교나 단체 이름을 새겨 넣은 주문 생산이 가능하다.

오리지널 29번 국도변은 포도 농장도 늙었고 길도 늙었다. 사람만 늙는 게 아니라 길도 늙는다. 300년도 더 된 길가에 포도밭을 갈아엎고 다시 일군다고 해도 새 것만은 못하다. 포도주와 친구는 오래될수록 좋다고 했는데 밭은 그렇지 않은 모양이다. 옛날에 비해 너무 많아진 와이너리들의 시음장이 상업화되어 있어서 보기에 좋지 않다.

무료 걷기 투어

미국은 각 시마다, 작은 시라도 투어 가이드가 있어서 안내하는 스케줄에 따라 관광객들을 모아 데리고 다니면서 해설해 주는 걷기 투어를 운영한다. 샌프란시스코 시도 예외는 아니어서 무료 걷기 투어(Free Walking Tours)가 있다.

모든 가이드는 자원 봉사자들이다. 그들 중 많은 사람들이 놀라운 이야기를 가지고 있다. 그들은 일반적으로 샌프란시스코 출신이거나 매우 오랫동안 도시에서 살았다. 그들은 각자 자신의 여행과 그 여행길을 누구보다 잘 알고 있다.

그들은 지역 사회가 지금까지 무엇을 하고 있는지뿐만 아니라 샌프란시스코의 과거에 대한 놀라운 모습을 들려준다. 그것은 진짜 샌프란시스코를 '내부자의 시선'으로 보는 가장 좋은 방법 중 하나다.

그중 어떤 이들은 혼자는 찾을 수 없는 장소에 관광객을 데리고 가거나 숨겨진 보석과 같은 명소의 위치를 알려 준다.

가장 인기 있는 무료 걷기 투어

공공 도서관은 매년 봄과 가을에 투어 목록을 업데이트한다. 5월 부터 10월까지 전문적으로 투어를 제공할 뿐만 아니라 새로운 투어 아이디어를 테스트할 때도 있다.

언제나 가장 인기 있는 투어가 몇 개 있기 마련이다.

1) 골든 게이트 브리지 걷기 투어

이 투어는 가장 유명한 명소 중 하나인 골든 게이트 다리에 대해 해설해 준다. 두 시간 동안의 여행에서, 역사와 흥미로운 사실(얼마나 오래 걸렸고 얼마나 많은 비용이 들었는지)에 대해 설명해 준다. 다리를 걸어서 건넌다.

- 투어 일정: 목요일과 일요일 오전 11시
- 집합 장소: 골든 게이트 브리지 비지톨스 플라자(남쪽)의 스트라우스 동상

2) 차이나타운

차이나타운은 종종 도시 내의 도시로 알려져 있다. 샌프란시스코에서 가장 인구 밀도가 높은 지역이다. 2시간짜리 걷기 투어 여행은 관심 있는 지역 사회와 세계에서 가장 큰 차이나타운을 설명해 준다. 차이나타운의 역사와 현재 주민들의 일상 생활에 대해 더 많이 배울 것이다.

- 투어 일정: 월요일과 토요일 오전 10시, 월요일 오후 1시 30분
- 집합 장소: 차이나타운의 포츠머스 스퀘어 공원 주차장 엘리베이터

● Insider's Tip │ 무료 걷기 투어에 참여하고 싶다면 ------------------------------

1. 투어에 참가하는 방법

무료 도보 투어에 참가하기 위해 예약을 할 필요는 없다. 모이는 시간 10분 전에 그냥 정해진 장소로 가기만 하면 된다. 모든 투어는 정시에 시작되므로 늦지 말아야 한다.

2. 팁

투어는 무료이지만 결국에는 팁(기부)을 요구한다. 투어 가이드는 자원 봉사자이다. 하지만 웹 사이트 및 기타 조직 세부 사항을 관리하는 정규 직원을 한 명두고 있다. 팁은 투어 가이드가 아니라 정규 직원이 계속해서 걷기 투어를 관리해 나갈 수 있게 도와주는 것이다.

팁은 얼마를 줘야 하나? 그건 각자의 몫이다. 그러나 보통 1인당 10달러 미만이면 된다. 여행 경험과 개인 예산에 따라 팁을 더 줘도 되고 덜 줘도 된다.

3. 투어 가이드에 대한 신뢰도

모든 가이드가 자원 봉사자이기 때문에 그들이 해설해 주는 지식이 믿을 만한지 의문이 들 것이다. 가이드들은 누구보다도 샌프란시스코를 사랑하고 여행을 즐기는 사람들이다. 샌프란시스코 공립 도서관은 자원 봉사자들에 대해 엄격한 정책을 가지고 있다. 투어 가이드 자원 봉사자로 받아들여지는 것은 하나의 명예다. 각자는 무료 도보 투어 중 하나를 해설하기 위해 훈련하기 전에 여러 가지 다른 경험을 쌓아야 한다. 도보 투어 가이드에 선발되기 전에 새로운

투어 아이디어를 개발하고 제출해야 한다. 이들은 가장 신뢰할 수 있는 자원봉사자들 중 한 사람이다. 도보 투어 가이드는 매우 친절하고 또한 도움이 된다. 가이드가 안 나타나는 경우는 극히 드물다. 만약 투어가 재미없거나 예상했던 것과 다르다면, 조용히 중간에 빠질 수 있다.

요세미티 국립공원

사진은 요세미티 공원(Yosemite National Park)을 상징하는 하프돔(Half Dome: 해발 2,682m)이다. 대부분의 등산객은 하프 돔을 등반하는 데 10~12시간이 걸린다. 허가제이며 5월 하순부터 10월 초까지 하루에 최대 300명, 평균 225명으로 제한한다. 3월부터 등산 신청을 받는다. 신청은 한 그룹에 6명까지이며 7개의 날짜를 적어 넣을 수 있다. 당첨은 복권식으로 뽑는다. 3월 1일에 신청하는 프리 시즌 당첨이 있고, 등산 이틀 전에 신청하는 일일 당첨도 있다. 일일 당첨은 사정에 의하여 등산을 포기하는 결원이 생기는 만큼 뽑는다. 평균 50명 정도다(On line apply for a permit).

이전에 냈던 책인 『첫 시련』에 하프돔 등반 경험담을 실은 적이 있는데 내용은 다음과 같다.

샌프란시스코에서 요세미티까지는 차로 5시간 걸린다. 새벽에 출발했다가 당일에 돌아올 수도 있고 공원 근처 모텔에서 하루 저녁 잘 수도 있다. 공원 내의 롯지(Lodge)는 예약이 어렵고 2인용 침대 하나 있는 방이 하루에 270달러 한다.

요세미티 국립공원은 중앙 캘리포니아의 시에라네바다 서부에 위치한 미국 국립공원이다. 1984년 세계 유산으로 지정된 요세미티는 화강암 절벽, 폭포, 맑은 물줄기, 거대한 세쿼이아 숲, 호수, 산, 초원, 빙하 및 생물 다양성으로 국제적으로 인정받고 있다. 공원의 거의 95%가 황야로 되어 있다. 매년 약 4백만 명이 요세미티를 방문하며, 2016년에는 역사상 처음으로 500만 명의 방문객을 기록했다. 캘리포니아의 7,000 종의 식물 중 시에라네바다에 약 50%가 자생하고 그중 20% 이상이 요세미티 내에 있다. 이 공원에는 160종 이상의 희귀식물이 있다.

요세미티 지역은 화강암 암석과 오래된 암석의 잔해가 특징이다. 약 1백만 년 전, 눈과 얼음이 축적되어 빙하를 이루었고 계곡을 따라 이동했다. 요세미티 계곡의 빙하 얼음 두께는 4,000피트(1,200m)에 달했을 것으로 추정한다. 1백만 년 동안 빙하가 쓸고 내려가면서 오늘날의 요세미티 계곡이 형성되었다.

요세미티 공원을 봄철에 가 보면 폭포에 수량이 많아서 장관을 이룬다. 늦여름과 가을에는 폭포라고 해도 물이 적어 가냘프다.

암반 등반이 활발한 곳도 요세미티다. 등산 철 엘 카피탄(El Capi-tan)을 등반하는 젊은이들로 들끓는다,

엘 카피탄은 거대한 산이 화강암 한 덩어리다. 암반 등반 하는 크라이머들이 식량과 텐트를 준비해서 오르다가 암벽에서 잠을 자고 다음 날 다시 오르기를 한다. 등반하는 데 보통 3일이 걸린다.

Part 05

현지인이 알려 주는
샌프란시스코의 먹거리

꼭 맛보아야 할,
샌프란시스코에서 태어난 음식 10가지

사우어도우 브레드

샌프란시스코는 금문교나 케이블카만 유명한 게 아니라 음식 문화를 선도하는 도시로도 유명하다. 세계적인 관광지답게 구색을 갖춘 레스토랑도 발달되어 있지만 샌프란시스코가 발원지인 음식도 많다. 만일 샌프란시스코를 방문한다면 소개하는 음식 10가지는 꼭 맛보고 가기 바란다.

먼저 샌프란시스코에서 탄생한 사우어도우(Sourdough Bread)를 소개한다. 180년 전통의 프렌치 빵으로 샌프란시스코에서 처음 만들어낸 빵이다. 껍질이 딱딱하고 단단해서 빵의 속을 파 낸 다음 크램 차우더(Clam Chowder) 수프를 담아 내놓는다. 맛도 훌륭하고 저렴해서 부담없이 먹을 수 있다.

마티니

칵테일 중 '마티니'는 샌프란시스코에서 태어났다. '보드카 마티니'가 기본이겠으나 '드라이 진 마티니'를 마시기도 한다. 진과 베르무트의 비율 2:1로 시작해서 3:1 또는 5:1로 가기도 한다. 윈스턴 처칠은 15:1의 비율로 마셨다고 전해진다.

조스 스페셜

이 음식이 처음 만들어진 건 1932년 '뉴 조(New Joe)'라고 하는 식당에서다. 밤늦게 쇼가 끝나면 밴드 리더가 먹을 것을 찾는데 남은 게 없었다고 한다. 주방장은 냉장고를 뒤져 시금치, 양파, 버섯, 으깬 소고기 그리고 달걀을 프라이팬에 넣고 들들 볶아 내 주었다.

밴드 리더가 그것을 보고 '조스 스페셜(Joe's Special)'이라는 이름을 붙여 주었고 그 후 지역 사회에서 유명해졌다. 세계 2차 대전을 전후

해 미군들이 항구 도시 샌프란시스코로 몰려들었고 조스 스페셜은 전성기를 맞았다고 한다.

찹 수이

중국에 없는 자장면이 한국에는 있듯이 중국에 없는 찹 수이(Chop Suey)가 미국에는 있다. 숙주나물에 닭고기를 넣고 볶으면 닭고기 찹 수이, 숙주나물에 국수를 넣고 볶으면 오리지널 찹 수이, 숙주나물에 쌀밥을 넣고 볶으면 라이스 찹 수이다.

무엇을 첨가하느냐에 따라 이름을 붙이면 되는 찹 수이이다. 이 찹 수이 역시 샌프란시스코가 고향이다.

마이 타이

칵테일 마이 타이(Mai Tai)는 샌프란시스코 베이 브리지를 건너 오클랜드에서 탄생했다. 1944년 빅톨 벌지론이라는 바텐더가 오클랜드 식당에서 일하다가 독창적으로 개발한 칵테일이다.

럼(Rum)에다가 라임 주스, 오렌지, 아몬드 시럽 그리고 캔디 시럽을 넣고 얼음과 한께 믹스한다. 새로운 별미의 맛을 내는 칵테일이 된다.

오클랜드 시에서 2009년, 매년 8월 30일을 마이타이의 날로 선포했다.

팝시클

1905년 샌프란시스코에서 살던 11살 먹은 프랭크 에퍼슨(Frank Epperson)이라는 소년이 처음 만들어 냈다. 소년은 소다 주스에 자기가 좋아하는 흰 가루를 넣고 젓가락 같은 나무로 저었다. 그리고 마시다가 그만 밖에 놔두었는데 그날 밤 날이 추워서 얼고 말았다. 다음 날 아이스케이크 같은 팝시클 (Popsicle)이 탄생한 것이다.

미국이나 캐나다에서는 어린이들에게 매우 보편적이고 유명한 먹을거리다. 종류도 다양하다.

치오피노

샌프란시스코는 전통적으로 이탈리아에서 이민 온 사람들이 주류를 이루고 있다. 재력이나 권력을 흔드는 사람들은 모두 이탈리아 계열이다.

치오피노(Cioppino)는 북이탈리아에서 이민 온 어부들이 잡아 온 생선으로 수프를 끓인 음식이다. 게, 조개, 새우, 붉은 도미 토막, 가리비, 홍합 그리고 오징어를 넣고 끓이다가 토마토와 마늘 등 양념에 붉은 와인을 붓고 끓인 잡탕이다.

1940년대만 해도 샌프란시스코에서나 찾아볼 수 있던 음식이 지금은 전 미국에서 매우 흔한 음식으로 발전했다.

크랩 루이

크랩 루이(Crab Louie)는 1904년 샌프란시스코 레스토랑에서 내오던 샐러드였다. 그러던 것을 샌 프란시스 호텔 주방장 빅터 허트즐러(Victor Hirtzler)가 요리책에 소개하면서 유명해졌다.

접시에 양상추를 깔고 오이, 삶은 달걀, 토마토, 아스파라거스 등을 놓고 그 위에 게살을 얹어 놓은 샐러드이다. 크랩 루이 드래싱을 쳐서 먹으면 맛이 그만이다.

포춘 쿠키

19세기 샌프란시스코 재패니스 가든 찻집에서 달랑 티만 서브하기에는 너무 맹숭맹숭한 것 같아서 센베 과자를 겸해 내가던 것이 효시가 되었다. 지금은 미국 어디에 서나 중국 식당에서 음식을 먹고 나면 후식으로 제공 하는 행운의 과자다. 과자를 쪼개면 과자 속에서 '그날 의 운수' 같은 글이 나온다. 한 줄 읽고 웃어 보자는 조 크이다.

아이리시 커피

물론 아일랜드에서 건너온 커피 맞다. 그러나 샌프란시스코 기후가 아일랜드와 비슷하게 안개 끼고, 바람 불고, 으스스 추워서 따뜻한 음료를 찾게 된다.

아이리시 커피(Irish Coffee)는 따 뜻한 커피에다가 위스키를 넣은 것 이다. 원래 위스키가 독한 술인 데 다가 따뜻하게 덥혀서 마시는 것이라서 한 모금 마시면 화끈하다. 추 위에 떨다가 아이리시 커피 한 잔 마시면 속이 확 풀리는 경험을 하 게 될 것이다.

꼭 맛보기를 권한다.

미국에서
제일 가 보고 싶은 빵집

신선한 산딸기 타르트

　샌프란시스코에서 가장 유명한 타르틴 베이커리 앤 카페(Tartine Bakery & Cafe)는 게레로 스트리트와 18th 스트리트(Guerrero St. x 18th St. 600 Guerrero St.) 코너에 있다.

　맛 칼럼리스트 마크 비트맨(Mark Bittman)이 뉴욕 타임스에 미국에서 가장 가 보고 싶은 빵집이라고 소개했고, 샌프란시스코에 올 때마다 빼놓지 않고 들르는 빵집이다.

제과점 주인은 채드 로버트슨과 부인 엘리자베스 프루잇(Chad Robertson, Elisabeth Prueitt) 부부다. 두 사람은 뉴욕의 유명한 미국요리전문대학(Culinary Institute of America)에서 만났다. 두 사람 모두 요리예술 강의를 듣다가 페이스트리(Pastry)에 빠지게 되었고 사랑에도 빠지고 말았다.

두 사람은 같이 프랑스에 가서 견습 세월을 보내다가 미국으로 돌아와 샌프란시스코에 정착했다. 샌프란시스코 교외에 있는 자신의 집에다가 장작을 때서 빵을 굽는 재래식 화덕을 만들어 놓고 무공해 재료로 빵을 구워 제과점에 납품하기 시작했다.

2002년 무공해로 만든 질 좋은 빵을 공급하기 위해 타르틴 베이커리 앤 카페를 열었다.

그동안 여러 개의 상을 수상했지만 빵집은 무엇보다 맛이 우선이다. 신선한 재료와 새벽 4시부터 구워내는 빵이 맛의 비결일 것이다. 타르틴 빵맛의 비결은 프랑스 스타일의 바삭바삭하고 오도독 씹히는 빵 껍질에 있다. 동네 손님만 오는 것이 아니라 멀리 50마일 밖에서두 빵을 사러 온다. 그보다도 관광객들이 많다. 10m 정도 줄을 서서 기다리는 것은 물론이고 작은 까페에서 일하는 종업원만도 7명이 넘는다.

재패니스 티 가든

샌프란시스코 골든 게이트 파크의 동쪽에 재패니스 티 가든(Japanese Tea Garden)이 있다. 미국에서 가장 오래된 일본 정원이다. 1894년 샌프란시스코에서 열렸던 세계박람회 당시 일본 전시장을 박람회가 끝난 다음 일본 정원으로 꾸며놓은 것이다. 1942년 일본의 하와이진주만 공격으로 미국과 일본의 관계가 소원해졌을 때 샌프란시스코시에서 공원의 이름을 오리엔탈 공원으로 바꾸어 버렸다. 1952년에와서야 다시 재패니스 티 가든이란 이름을 되찾았다.

높은 아치형 드럼 브리지는 산책로 중 한 곳이다. 나무판자가 있어서 올라가고 넘어갈 수 있다. 많은 사람들은 아름다운 나무를 배경으로 하여 사진 찍기를 좋아한다.

재패니스 티 가든에 있는 5층 파고다는 1915년 샌프란시스코에서 열렸던 파나마-태평양 박람회에서 일본 전시회를 위해 지어졌던 파고다였다. 박람회가 끝난 직후에 이곳으로 옮겼다.

Dried Garden

깨달음을 찾는 사람들을 돕기 위해 고안된 정원이다. 들어갈 수는 없지만, 걸어가는 길을 따라 즐길 수도 있고 몇 군데 있는 벤치에 앉아 사색에 잠길 수도 있다.

공원 중심에 잭 히로즈 티하우스가 있는데 간단한 식사와 음료를 판다. 매주 수요일과 금요일, 세 차례 일본 차 의식이 있다. 전문가에게서 차도를 배우는 것인데 수업료를 받는다.

찻집은 언제나 만원이다. 찻집에 앉아 차를 마시며 정원을 내다보아야 일본 정원의 진수를 느낄 수 있다. 찻집에서 차를 시켰다. 센 차(Original Green Tea) 한 잔과 과자 세트가 나왔다.

글귀가 들어있는 포춘 쿠키도 나왔다. 그러나 재패니스 티 가든에서는 포춘 쿠키라고 부르지 않고 라이스 크래커(Rice Cracker)라고 부른다.

1918년 LA에 있는 '홍콩국수상사' 사장 중국인 데이비드 정 씨는 포춘 쿠키의 저작권을 주장하며 자신의 이름으로 등록하려고 법원에 서류를 제출했다. LA 다운타운에 작은 도쿄를 세운 일본인 세이치 기토 씨 역시 특허권을 신청했다. 매우 긴 법정 투쟁 끝에 1983년 연방 법원은 샌프란시스코에 재패니스 티 가든을 세우고 가꿔 온 하지와라 씨 손녀에게 특허권을 주었다.

행운의 과자
포춘 쿠키

 미국뿐만 아니라 영국, 멕시코, 프랑스 등 여러 나라에 있는 중국집에서 식사하고 나면 후식으로 포춘 쿠키를 내 준다. 포춘 쿠키는 원래 일본 센베 과자다.

1900년대 샌프란시스코에서 살던 중국인들이 과자 속에 작은 글귀를 넣어 식사 후에 후식으로 손님들에게 제공하기 시작했다. 글귀는 보통 '가짜 지혜' 또는 '애매한 예언' 같은 글로 손님들을 미소 짓게 만드는 깜짝 이벤트이다.

포춘 쿠키는 샌프란시스코에서 태어나 전 세계로 퍼져나갔기 때문에 실제로 중국 본토에는 없는 순수한 미국 문화다. 포춘 쿠키 속에 들어 있는 글귀들은 대부분 농담이거나, 행운이 온다거나, 애인이 생긴다거나 하는 따위의 것들이다. 그러나 브라질에서는 글귀와 함께 행운의 로또라고 하면서 6자리 번호를 적어 넣었다. 얼마 전에는 다수의 사람들이 그 번호로 로또에 당첨되는 사건이 일어나고 말았다.

그런 일이 있고난 다음부터 럭키 넘버라고 해서 번호가 적혀 있는 포춘 쿠키도 생겼다.

포춘 쿠키 공장은 샌프란시스코의 차이나타운을 방문하는 사람들에게 공통적인 정류장이다. 포춘 쿠키가 어떻게 만들어지는지 직접볼 수 있는 몇 안 되는 장소이기도 하다. 골든 게이트 포춘 쿠키 공장은 1962년에 이곳에서 쿠키를 만들기 시작했다. 오늘날, 그들은 차이나타운 샌프란시스코뿐만 아니라 전 세계에 쿠키를 배포한다.

주문 제작도 하는데, 예를 들어 '당신은 오늘 귀한 손님을 만날 것이다. 그와 반드시 결혼하시오'라고 쓰여진 글귀가 들어 있는 포춘 쿠키를 갖고 있다가 저녁 식사 후에 애인에게 열어 보라고 하는 것이다.

샌프란시스코의 차이나타운을 방문할 때 골든 게이트 포춘 쿠키 공장에 들를 것을 권한다. 잠깐 멈추긴 하지만 재미있는 경험이 될 것이다. 매일 오전 9시부터 오후 8시까지 문을 연다. 56 로스 앨리(56 Ross Alley)에 있다. 잭슨 가 바로 옆에 있다.

크램 차우더 브레드 볼

 샌프란시스코 피셔맨즈 워프에 가면 당연히 크램 차우더 브레드 볼 (Cram chowder bread bowl)을 먹어 보라고 권하고 싶다. 아침에 구운 바우딘 빵(Boudin Bread)에 속을 파낸 다음 조가비 수프를 넣어 준다. 수프와 함께 빵도 같이 먹는다. 미국 식당이 좋은 점은 하나만 시켜 둘이서 나누어 먹어도 개의치 않는다는 점이다.

Part 06

현지인이 알려 주는
샌프란시스코의 여가·레저

금문교
걸어서 건너기

샌프란시스코 만의 멋진 전경과 세계에서 가장 긴 서스펜션 스팬 중 하나인 아름다운 금문교를 가로질러 걷거나 자전거를 타고 건넌다는 것은 가슴 벅찬 일이다.

다리는 총 길이가 1.7마일(2.7㎞)이지만 대부분의 사람들은 첫 번째 타워까지 걸어갔다가 다시 돌아온다. 그러나 그것보다는 다리를 건너 헨드릭 포인트 비스타까지 걸어가 샌프란시스코를 바라보기를 추천한다. 알카트라즈 섬, 심지어는 베이 브리지까지도 볼 수 있다.

골든 게이트 브리지는 1937년 5월 28일에 개통되었다. 이 프로젝트를 디자인한 사람은 조셉 스트라우스이다. 그러나 타워와 교량의 많은 설계 구성 요소에는 상대적으로 알려지지 않은 건축가인 어빙 모로(Irving Morrow)의 공이 크다. 다리의 붉은 색상은 안개 속에서의 가시성을 중요시했다. 해군은 원래 다리가 노란색 줄무늬가 있는 검은 색이 되기를 원했다. 샌프란시스코와 태평양을 연결하는 골든 게이트 해협을 가로질러 1.7마일(2.7㎞)에 걸쳐 있으며 폭은 90피트(27m)이다. 해수면에서 다리의 높이는 조수에 따라 다르다(220~245피트,

67~75m). 두 개의 탑은 해발 746피트(227m)까지 올라간다. 다리에는 8
만 마일(128,747㎞) 이상의 철사가 사용되었다. 이 다리는 건설하는 데
3천 5백만 달러의 비용이 들었고 뉴욕의 베라자노내로스교(Verrazano
Narrows Bridge)가 지어지는 1964년까지 거의 30년 동안 세계에서 가장
긴 현수교였다.

　다리 개통 50주년을 맞는 1987년 5월 24일 자동차 통행을 금지하
고 사람들이 걸어서 건너기로 했다. 30만 명의 인파가 다리의 황금
기념일을 기념하기 위해 1.7마일 다리를 건너는 일이 벌어졌다. 기다
리는 다른 사람들 50만 명이 다리에 들어서려고 하자 겁먹은 관리들

이 신속하게 다리 진입을 차단했다. 그럼에도 불구하고, 전례가 없는 엄청난 무게로 인해 다리 중앙이 7피트(2.1m) 처졌다.

1989년부터 1991년까지 금문교를 연구했던 샌프란시스코의 다리 기술자 마크 케첨(Mark Ketchum)은 "개통 50주년 이벤트는 아마도 다리에서 가장 큰 짐이었을 것이다. 하지만 다리의 설계 하중 용량을 초과하지는 않았다"라고 말했다.

1930년대에 나리의 중간은 영구적인 손상을 입지 않고 수직으로 16피트(5m), 좌우로 27피트(8m) 흔들려도 안전하도록 설계되었다. "골든 게이트의 설계자들은 적어도 150퍼센트의 무게를 수용하기 위해 다리를 지나치게 설계했다"고 수석 기술자 바우어가 말했다.

캘리포니아에서 가장 좋은 낚시터, 패시피카 피어

    샌프란시스코에서 1번 고속도로를 타고 남쪽으로 달리다 보면 패시피카(Pacifica)라는 작은 도시가 나온다. 태평양 바다를 끼고 길게 자리 잡은 도시여서 이름도 패시피카라고 붙였다.

    패시피카 시에서는 1973년 낚시 전용 부두를 태평양 바다로 뻗어나가게 건설하였다. 부두 길이가 장장 350m에 ㄱ자로 꺾여서 다시 50m

더 나간다. 이름 하여 '패시피카 낚시 전용 부두(Pacifica Pier)'다. 개장과 동시에 캘리포니아 최고의 낚시터로 각광받았다. 낚시꾼들과 서민의 사랑을 듬뿍 받는 명소가 되고 만 것이다.

낚시 전용 부두라고 해서 다 인기가 있는 것은 아니다. 아무리 경치가 좋고 시설이 잘 되었다 하더라도 고기가 안 잡히면 쓸모없는 낚시터로 전락하고 만다. 그러나 패시피카 피어는 여러 종류의 고기가 잘 잡히기로 소문나 있으니 최고의 낚시터로 손꼽는 것이다.

얼마나 잡혀야 잘 잡힌다고 말할 수 있는 건지 한 낚시꾼의 예를 들어 보자. 낚시 비수기인 2월과 3월 사이에 패시피카 피어에서 5번 낚시를 즐겼는데 성과물을 살펴보면 대형 붉은 꼬리 망성어 14마리, 얼룩무늬 망성어 12마리, 줄무늬 망성어 3마리, 외사시 망성어 10마리, 은빛 양망성어 106마리, 97㎝짜리 표범 무늬 상어 외에도 많다. 이러니 고기가 잘 잡히는 좋은 낚시터라 하지 않을 수 없다.

패시피카 피어가 유명해진 계기는 1980년대 들어 태평양 연어(King Salmon)가 잡히기 시작하면서부터다. 알래스카로 향하는 연어가 이곳을 지나가는 시기가 6월에서 11월 사이다. 6월 중순부터 7월 말까지가 연어 낚시 피크 시즌이다.

태평양 연어는 크기가 41㎝ 이상이어야 법적으로 잡을 수 있다. 연어는 떼로 몰려다니는 습성이 있어서 잘 잡힐 때는 하루에 1천여 마리도 잡힌 예가 있다. 연어는 법적 사이즈 기준 크기 이상의 것을 일인당 하루에 2마리만 잡을 수 있다.

언제나 피어는 시골 장터처럼 서민들로 북적인다. 아무나 사심 없이 서로 만나고 웃고 즐기는 것이 낚시터 문화다.

　미국에서 낚시를 하려면 낚시면허증을 낚싯밥 파는 가게에서 구입해야 한다. 면허증에는 잡는 고기의 종류에 따라 스탬프를 별도로 사서 붙이도록 되어 있다. 이 스탬프, 저 스탬프 붙이다 보면 가격이 만만치 않다. 그러나 낚시 전용 피어에서는 낚시 면허증 없이도 낚시를 즐길 수 있다. 그래서 서민들이 더 많이 몰린다.

　피어에 올 때는 아이스박스에 점심을 챙겨 나오는 것이 필수다. 하루를 즐기다 보면 먹고 마셔야 하기 때문이다. 그러나 법적으로 술은 금지되어 있다. 그 외에도 지켜야 할 규칙이 많은데 '낚싯대를 머리 위로 치켜세워 던지지 말 것', '주변에서 배를 타고 낚시하지 말 것', '유리병이나 유리 제품 반입 금지', '자전거나 롤러스케이트 금지' 등이다.

　패시피카 피어는 시설이 잘 되어 있다. 잡은 고기비늘을 긁어내고 배를 따고 씻을 수 있는 수도 시설도 있고, 쉴 수 있는 벤치, 입구에 화장실, 미끼 파는 상점에 카페도 있다. 가로등이 24시간 불을 밝혀 주고, 낚시를 24시간 아무 때나 해도 무방하다.

　대게도 잡히는데 게를 낚시로 잡는 건 불법이다. 게가 낚시에 걸려들면 곧바로 돌려보내야 한다. 법적으로 게는 통발로 잡게 되어 있다. 플라스틱 자로 사이즈를 재 보고 미달인 게는 놔 줘야 한다. 13.4cm 이상이어야 한다. 그보다도 수게만 잡아야지 암게를 잡았다가는 벌금 벼락을 맞는다. 보안관이 다니면서 실제로 잡은 게의 사이즈를 재 보고 암컷인지 수컷인지 확인한다. 규격 미만의 게를 잡았다가 걸리면 벌금이 1마리당 350달러에서 1,000달러다. 카운티마다 벌금이 다른데 어떤 카운티에서는 1,000달러를 더 받는 카운티도 있다.

낚시를 스포츠로 즐기는 사람들도 꽤 있다. 낚싯밥으로 지렁이를 쓰는데 한 번 던지면 바다빙어가 두세 마리씩 걸려 올라오지만 잡는 족족 놓아준다. 바다빙어는 길이가 20㎝ 정도 크다. 튀김 가루를 묻혀 기름에 튀기거나 구워 먹어도 맛있다. 법적으로 한 사람이 낚싯대 2개까지 사용이 허가된다.

사람도 없고 아무도 보지 않는다고 해서 법적 사이즈보다 작은 고기를 아깝다고 놓아 주지 않았다가는 어떻게 당할지 알 수 없는 일이다. 수시로 점검을 다니기 때문이다.

연인들의 길

프레시디오 가(Presidio Boulevard)와 웨스트 퍼시픽 애비뉴(West Pacific Avenue) 사거리에서 프레시디오로 들어오는 길이 '연인들의 길'이다.

프레시디오 가 정문에 들어서면 오른쪽은 19세기 후반에 군대에 의해 심어진 유칼립투스, 노송나무 및 소나무의 울창한 숲과 경계를 이룬다. 왼쪽에는 역사적인 군사 주택이 한 줄로 늘어서 있다.

연인들의 길(Lovers' lane)이란 이름으로 불리게 된 까닭은 150년 전 며칠씩 순찰 나갔다가 돌아오는 군인들을 연인들이 길목에서 기다리고 있었기 때문이기도 하고, 걸어서 외출 나오는 군인을 연인이 길목에서 기다리고 있었기 때문이기도 하다.

연인들의 길을 따라 우거진 유칼립투스 숲속에서는 영국 예술가이자 환경주의자인 앤디 골드워시(Andy Goldsworthy)의 야외 예술 작품인 '우드 라인(Wood Line)'을 볼 수 있다.

우드 라인(Wood Line)

　에코 트레일(Ecology Trail)은 이름에서 알 수 있듯이, 1마일 조금 넘는 거리에 봄부터 초여름까지 멸종 위기에 처한 프레시디오 클라키아(Presidio Clarkia) 및 기타 야생화가 피는 초원이 있다.

　이 트레일은 주로 하이킹, 걷기, 트레일 러닝 및 자연 여행하기에 좋은 곳이며 일 년 내내 이용이 가능하다. 여기서 앤디 골드워시의 스파이어(Spire)를 볼 수 있다. 개도 같이 갈 수 있지만 목줄을 사용해야 한다.

스파이어(Spire)

하퍼스의 손

샌프란시스코 해변 중에서도 조깅하기에 딱 좋은 곳이 이 코스다. 조깅하는 사람들이 이곳까지 달려오면 철망이 막혀 있어서 더는 갈 수 없어서 되돌아가야 한다.

그때 두 손바닥으로 하퍼스의 손바닥을 마주치고 돌아간다. 한국식으로 말하면 '화이팅'이라고나 할까?

그러면 하퍼스라고 하는 사람은 누구이기에 어제도 오늘도 달려온 수백 명이 그에게 화이팅을 외칠까? 하퍼스는 샌프란시스코에 숨어 있는 영웅이다. 오랜 세월 유명한 금문교를 위하여 봉사활동을 해 오고 있는 사람이다. 직업은 다리 보수 작업을 하는 사

두 손바닥 사인 바로 밑에 흐리지만 하퍼스 핸즈(Hoppers Hands)라고 쓰여 있다.

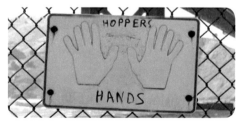

2005년까지만 해도 앞의 사진처럼 엉성한 그림이 붙어 있었는데 지금은 빨간 판에 검은 손이 세련된 모습으로 변해 있다.

람이지만 그보다는 한 해에 수십 명씩 다리에서 투신자살하는 사람들을 구하고 그들의 영혼을 위로해 주는 일을 하고 있다.

추운 겨울바람이 세차게 부는 한밤중에 전화가 걸려 와서 자살하는 사람이 있다고 알려 오면 현장에 출동하기를 좋아하는 사람은 없을 것이다. 이렇게 험하고 궂은일에 숨어서 봉사했던 사람이 하퍼스라는 사람이다. 조깅하는 사람들이 하퍼스의 두 손을 마주치며 파이팅하는 것은 힘내라는 의미다.

하루는 개를 끌고 조깅하다가 이곳에 와서 손바닥으로 하퍼스의 손을 마주치는 것을 본 개가 주인의 행동을 따라 자신도 앞발로 벽을 치더란다. 그 후 개들 사이에서도 손뼉 마주치기가 시작되었다.

내가 사진 찍고 있는 동안에도 조깅하던 여자가 하퍼스와 손뼉을 마주치고 돌아서서는 "하퍼스 파이팅"을 외치고 달려간다. 한편 조깅하는 개도 손뼉을 마주칠 목표물을 향해 달리기 때문에 지루함을 던다.

Part 07

현지인이 알려 주는
샌프란시스코 한 달 살기

샌프란시스코의
날씨와 기후

　사계절 모두 이른 아침과 저녁은 시원한 날씨여서 가벼운 자켓을 입어야 한다. 샌프란시스코의 계절은 온도차가 심하지는 않지만 낮에 덥더라도 바람을 막는 자켓은 늘 준비해야 한다.

　이른 봄(2~3월)은 종종 시원하고 비가 온다. 샌프란시스코의 비는 주로 간헐적인 비다. 이슬비가 내리기도 한다. 평균적으로 비오는 날보다 맑은 날이 더 많다. 늦봄에는 아름답고 맑은 날이 이어진다. 안개가 있을 수 있다. 여름에는 유명한 샌프란시스코 안개가 끼어든다. 여름 내내 미국에서 가장 시원한 지역 중 하나이지만 비는 없다. 아침과 저녁은 종종 안개가 자욱하며 낮에는 말끔히 갠다. 안개가 없어도 온도는 보통 시원하다. 가을은 좋은 날씨가 계속된다. 안개는 없고 가을이라고 해도 따뜻한 날씨다. 겨울에는 차가운 바람이 불지만 춥지는 않다. 샌프란시스코의 겨울은 장마철로 비가 부슬부슬 온종일 내린다. 비가 오는 날들 사이에는 맑은 날이 있을 수도 있다. 낮에는 화씨 50도이고 밤에는 화씨 40도이다. 샌프란시스코에서는 눈이 내리지 않는다.

샌프란시스코에서
대중교통을 활용할 예정이라면

대중교통 수단의 종류

샌프란시스코의 교통수단에는 바트(BART) 지하철 네트워크, 칼트 레인(Caltrain) 통근 열차, 페리(Ferries), 로컬 전철, 전차, 버스 서비스, 국제공항이 있다.

- **바트(BART, Bay Area Rapid Transit: 전철)**
  샌프란시스코에서 교외 도시로 나가는 기본 교통수단이다. 샌프란시스코에서 리치몬드선, 프리몬트선, 피츠버그선, 데일리시티선, 리버모어선이 있으며 모든 노선은 샌프란시스코 다운타운을 지하로 통과하며 샌프란시스코 공항과 오클랜드 공항까지 이어진다. 티켓으로는 재충전 가능한 비접촉식 스마트카드인 클리퍼 카드(Clipper Card)를 보편적으로 사용한다.

- **칼트레인(Caltrain: 기차)**
  샌프란시스코에서 산호세를 잇는다.

- **뮤니 메트로(Muni Metro: 작은 전철)**
  샌프란시스코 시내와 외곽을 잇는다.

- **뮤니 버스(Muni Bus)**
  시내 구석구석을 다닌다.

- **케이블카(Cable Car)**
  관광용으로 유명하지만 아침저녁으로는 출퇴근에 이용되기도 한다.

- **스트리트카(Heritage Streetcars: 전차)**
  마켓 스트리트와 피셔맨즈 워프를 연결한다.

- **페리(Ferries: 연락선)**
  샌프란시스코 베이 워터 트랜짓으로 소살리토와 마린 카운티, 알라미다,
  오클랜드, 리치몬드를 연결한다.

뮤니(Muni)는 샌프란시스코의 버스 및 지하철 시스템으로 도시 전역에서 운행되며 버스, 기차, 케이블카 및 F 라인 유산 전차가 운행된다. 뮤니 버스는 거리에서 항상 눈에 띈다. 뮤니 메트로는 레일에서 운행되며 때로는 지하로 이동하기도 한다. 시내버스 정류장은 다양한 형태다. 작은 버스 정유소가 있는가 하면 도로 기둥의 노란색 페인트, 도로에 흰색 페인트. 지하철 정류장은 도로 중간에 섬으로 존재한다.

메트로 맵을 사용하면 쉽게 자신의 위치를 알 수 있다.

교통권의 종류

•방문자 여권과 시티패스

하루 이상 머물면 방문자 여권(Visitor Passports)과 시티패스(CityPASS)가
유리하다. 뮤니, 뮤니 메트로, 역사적인 스트리트 전차 및 케이블카를 3일
연속 무제한으로 탈 수 있기 때문이다.

- 1일 방문자 여권: 21달러
- 3일 방문자 여권: 32달러
- 7일 방문자 여권: 42달러
- 성인 시티패스: 89달러
- 5~11세 아동 시티패스: 69달러

•클리퍼 카드

클리퍼 카드(Clipper Card)는 샌프란시스고 전역의 다양한 대중교통 수단
을 쉽게 사용할 수 있는 방법이다. 가격은 자신이 원하는 만큼 충전한 카
드를 구입하면 되므로 상황에 따라 다르다. 바트, 뮤니 버스, 뮤니 메트로
및 케이블카에 모두 사용할 수 있다. 카드에 얼마가 남았는지 늘 확인해야
한다. 탑승 시 스캐너 위에 카드를 올려놓고 삐 소리가 들리는지 귀 기울
여 요금에 맞는 적절한 잔액이 있는지 확인하고 타야 한다. 뮤니 직원은
요금 회피를 자주 확인하기 때문에 요금이 모자라는 카드를 사용하다가
발각나면 벌금 폭탄을 맞는다. 카드는 여러 곳에서 구입하여 뮤니와 바트

역에서 다시 충전할 수 있다.

새로운 바트 모바일 앱이 2018년 12월에 출시되었다. 바트 앱은 모바일 발권에 대한 1년 테스트로 설계되었다. 바트가 앱을 통해 모바일 티켓을 제공하는 것은 처음이다. 아직은 대중화 단계에 들어서지는 못했다.

샌프란시스코에서
운전할 예정이라면

캘리포니아에서 운전하고자 하는 여행자들은 각별히 조심해야 할 것이 있다. 티켓을 떼서는 안 된다는 점이다. 어디서나 티켓을 뗀다는 것은 바람직한 일이 아니기는 해도 특별히 캘리포니아에서만큼은 더욱 조심해야 한다. 캘리포니아는 티켓에 부과하는 벌금이 어느 주보다도 많기 때문이다.

기본 교통 위반 벌금은 적어 보이지만 법원과 주 정부 및 카운티 정부가 부가시킨 각종 행정 수수료 등이 더해져 최종 부담해야 하는 벌금 총액이 5배 이상 오르는 것을 감안해야 한다. 과속(26마일 이상 초과)으로 티켓을 받게 되면 기본 벌금 100달러가 490달러로 5배가량 늘어난다. 또, 빨간색 신호등이 깜빡이는 스쿨버스를 추월할 경우 150달러의 벌금 티켓을 받지만 실제 부담하는 벌금액은 695달러까지 치솟고, 횡단보도를 건너는 보행자를 미처 보지 못해 정지하지 않았다가 적발되면 기본 벌금 35달러가 아닌 238달러를 내야 한다.

특히 2019년부터는 버스 탑승 시 안전벨트를 착용하지 않을 경우, 운전자와 승객들 모두 기본 벌금 20달러에 부가 수수료를 더해 총

162달러를 납부해야 한다.

벌금 인상뿐만 아니라 벌점을 삭제하기 위해 수강하는 운전학교 수강료와 행정 비용 또한 최근 크게 인상돼 티켓을 받은 운전자들의 부담은 갈수록 커지고 있는 상황이다.

여행객들이 가장 많이 걸리는 교통 위반 티켓으로 과속, 빨간불 신호 위반, 차선 위반 등이 있으니 언제나 교통 위반 티켓에 걸릴 수 있다는 생각심을 갖고 운선해야 한다.

강화된 법안은 운전 중 핸즈프리 장치를 사용하는 경우를 제외하고 내비게이션으로 위치를 확인하거나 음악을 바꾸는 등의 행동을 하다 적발되면 초범은 20달러, 이후에는 50달러를 부과한다.

특히 운전 중 휴대전화 사용 규제 법안에 대한 단속도 대폭 강화되면서 운전을 하는 도중에 휴대폰을 손에 들고만 있어도 440달러의 벌금 폭탄을 맞을 수 있으니 각별한 주의가 필요하다.

샌프란시스코에서
한 달 살아 볼 집을 구할 예정이라면

샌프란시스코는 관광지여서 호텔은 많다. 학생이나 싱글들은 샌프란시스코 에어비앤비나 호스텔에 머물기를 추천한다. 안전하고 교통도 편하니 비용 절감 효과도 얻을 수 있을 것이다. 학생들을 위한 가정집 홈스테이도 많다. 호스텔 중에서도 가족이 투숙할 만한 곳이 있다. 4인이 묵을 수 있는 룸은 가격은 마음에 들지만 현지인처럼 살아 보는 재미는 맛볼 수 없다.

가족이나 여러 명이 현지인처럼 생활할 경우 개인 집이나 아파트를 일세, 주세, 월세 등으로 얻어야 한다. 같은 조건을 놓고도 지역마다 월세가 다르다. 샌프란시스코 아파트 월세는 미국에서 손꼽힐 만큼 높은 것으로 알려져 있다. 대부분의 사람들이 직장은 샌프란시스코에, 집은 교외 도시에 두고 있다.

한두 달 월세도 성수기와 비수기의 차이가 있다. 비수기는 비오는 겨울철이 될 것이고 나머지 봄, 여름, 가을은 성수기에 속한다. 6, 7월이면 성수기이다.

어른 둘에 아이 둘인 4인 가족이 6월 27일부터 7월 26일까지 한 달간 여행한다고 했을 때, 같은 조건으로 지역별 차이를 보자.

샌프란시스코의 아파트: 6,658달러

베드룸 1, 화장실 1, 부엌, 워셔 드라이어, 와이파이 + 가스, 전기, 물 등의 사용비 별
도 지불

샌프란시스코 최고의 주거지 중 하나, 우아하고 넓고 새로 리모델링
한 베드룸 1개, 욕실 1개를 갖췄다. 멋진 전망을 가지고 있고 멋진 정
원이 내려다보인다. 주차장이 있는 이 집은 가장 편리한 장소일지도
모른다. 웨스트 포탈 뮤니(메트로) 역까지 10분이면 걸어서 갈 수 있
고. 시내까지 12분, 주요 고속도로에서 5분, 샌프란시스코 공항에서
20분이다. 웨스트 포탈 스트리트에는 훌륭한 레스토랑, 카페 및 상점
이 있다.

1층 전체가 새로 개조된 스위트룸으로 단독으로 사용된다. 아파트
가 넓고(625평방피트), 조용하고 편안한 공간이다. 침실에는 아주 편안
한 퀸 사이즈 침대에 플러시 탑 세르타 매트리스와 저 알레르기성 기
억 폼 베개가 있다. 펼치면 침대가 되는 유럽식 소파 침대와 롤 어웨
이 침대가 거실에 있어서 2명이 더 잘 수 있다. 부엌에는 풀 사이즈
스테인리스 스틸 냉장고 및 식기 세척기, 세라믹 쿡 탑, 전자레인지,
쓰레기 처리 등 모든 새로운 가전제품이 있다. 커피 메이커, 전기 차
주전자, 토스터, 냄비 및 팬, 요리 기구, 식사 또는 요리에 필요한 모
든 것이 있다.

무료로 커피, 차, 설탕, 식용유 그리고 다른 품목들을 제공한다. 침
실 옷장과 거실 벽면 거울이 달린 옷장까지 있으며 옷장 안은 넓고

걸어 다닐 수 있을 만큼 충분히 넓다. 온실 바닥으로 된 하얀 욕실, 창문과 대리석 욕조, 화장실 및 샤워장이 있다. 수건, 헤어드라이어, 샴푸, 컨디셔너, 목욕 비누, 로션 및 기타 세면 용품이 제공된다. 다리미와 다림질 판이 있다. 차고에 있는 세탁기를 추가 요금 없이 사용할 수 있다. 아파트로 이어지는 계단이 있지만 가파르지는 않다.

아파트는 1층으로 정원을 이용할 수 있다. 주인이 2층에 살고 있어서 주인과 늘 소통할 수 있으며 주인과 샌프란시스코에 대한 정보를 나눌 수 있다. 상호 사생활을 존중하지만 필요한 것은 언제든지 말하면 된다. 주의할 점도 있는데 외출할 때는 온도 조절기를 내려놓아야 한다는 점이다. 식기세척기를 작동시킨 후에는 문을 열지 말아야 한다. 그렇지 않으면 작동이 멈출 수 있다. 커피 메이커, 차 주전자, 다리미 등을 사용 후 꺼놓아야 한다. 외출 시 문은 반드시 잠가야 한다. 마루에 흠이 생기는 걸 막기 위하여 짐 옮길 때 조심해야 한다.

버클리의 개인 주택: 5,111달러

베드룸 2, 화장실 1, 부엌, 와이파이 + 가스, 전기, 물 등의 사용비 별도 지불

버클리는 샌프란시스코 만 건너에 있는 대학 도시다. 젊은 학생들이 많으며 옛날 집들이다. 베드룸이 둘(룸1 킹사이즈 베드 1개, 룸2 싱글 베드 2개) 화장실 하나, 부엌, 와이파이. 집은 버클리 중부 지역에 위치해 있으며 샌프란시스코를 위시해서 주변 어디든지 쉽게 접근할 수 있는 편리함이 있다. 집과 가까운 거리에 카페, 빵집, 마켓, 레스토랑이 있다. 시내 상점, 레스토랑, 영화관, 및 바트(전철)역까지 15분 거리에 있다. 백년 된 옛날 듀플렉스 건물(복층 아파트)의 1층이며 1,100평방피트의 공간이다. 뒷마당이 넓고 조경이 잘 되어 있다. 주인은 이 지역에서 오래 산 사람으로 지역 안내가 가능하다.

알라메다(Alameda)의 새로 수리한 스튜디오(오피스텔): 3500달러

베드룸 1, 화장실, 부엌, 와이파이, 노트북 컴퓨터, 책상 등

알라메다 다운타운의 역사적이고 활발한 파크 세인트 지구의 중심부에 있는 멋진 대형 스튜디오 아파트다. 퀸 사이즈 침대에, 무료 주차가 5분 거리에서 가능하다. 알라메다 비치와 알라메다 쇼핑센터, 유흥, 레스토랑, 쇼핑 등 생활에 필요한 것들이 있어서 편리하다. 부엌용품들이 많이 있으며 세탁기도 있다. 수건, 비누, 샴푸 등등 실제 음식과 음료를 제외한 모든 것이 준비되어 있다.

전문적으로 장식되고 리모델링된 공간이다. 스튜디오에는 집처럼 느끼게 하는 데 필요한 모든 것이 갖추어져 있다. 편안한 침대, 큰 주방, 필요한 경우 가죽 침목 이불이 제공된다.

1개의 퀸 사이즈 베드가 있는 침실 스튜디오와 이불, 그리고 거실에 침대로 펼 수 있는 소파가 있다.

가까운 거리에 대중교통을 이용할 수 있는 버스정류장이 있고 길가의 주차는 시간제한이 없다. 빅토리아 스타일 건물로 매우 훌륭한 모양을 갖추었다.

손님은 뒷마당에도 드나들 수 있으며, 집 앞에는 바비큐를 해 먹을 수 있는 공원에 팔각정(Gazebo)도 있다.

집 열쇠는 직접 전달할 것이고 주인은 20분 거리에 살기 때문에 문제가 있으면 연락과 동시에 달려올 수 있다.

집이 다운타운 파크 스트리트에 있어서 거리는 늦은 밤까지 사람들로 북적인다. 지금까지 거처 간 사람들이 깨끗하고 살 만한 집이라는 칭찬을 아끼지 않았다.

샌프란시스코에 드나들기가 매우 쉽다. 15분 거리에 바트와 페리가 있다.

콩코드의 개인 주택: 1,895달러(6인도 수용 가능)

베드룸 2, 화장실 1(룸1 퀸사이즈 베드 1개, 룸2 싱글 베드 2개, 거실에 침대로 펼 수 있는 소파)
부엌, 무료 주차, 와이파이+ 사용한 가스, 전기, 물 별도 지불

새로 지은 집으로 이스트 베이 지역에 위치한 새로운 게스트 스위
트 룸이다. 전체 주방과 2개의 침실이 있는 복층 아파트의 아래층으
로 개인 입구 및 주차, 무료 와이파이, 대형 스크린 58인치 TV 등을
제공한다. 샌프란시스코에서 차로 45~55분, 오클랜드에서 30~40분
거리에 있다. 바트를 이용하면 샌프란시스코에 드나들기에 불편함이
없다.

베드룸1에는 퀸 사이즈 침대가 있고, 다른 베드룸에는 싱글 사이즈
침대 두 개가 있다. 거실에는 펴면 침대가 되는 소파 침대도 있다.

냉장고, 오븐(스토브), 전자레인지 및 18인치 식기세척기 등이 있다.
거실에는 스트리밍을 위한 58인치 스마트 TV가 있다. 와이파이 속도
는 60mbps이며 아파트는 본관과는 별도로 자체 인터넷 서비스를 제
공한다. 세탁기와 건조기 또한 제공한다.

게스트 유닛은 아래층에 있다. 더블 주차장이 있으며 그중 하나를
사용할 수 있다. 이 근처에서 주차는 문제가 되지 않는다. 집 주인은
네 명의 가족으로 위층에 살고 있기 때문에 언제든지 필요한 것을 요
구할 수 있다. 필요한 만큼 도움을 주지만 사생활을 존중한다.